DES

INTÉRÊTS GÉNÉRAUX

COMMENT ILS DOIVENT ÊTRE

COMPRIS ET SAUVEGARDÉS

PAR

A. B. C.

PARIS

E. DENTU, ÉDITEUR

LIBRAIRE DE LA SOCIÉTÉ DES GENS DE LETTRES

PALAIS-ROYAL, 15-17-19, GALERIE D'ORLÉANS

1885

DES

INTÉRÊTS GÉNÉRAUX

Paris. — Imprimerie PAUL DUPONT (Cl.). 403.8.85.

DES

INTÉRÊTS GÉNÉRAUX

COMMENT ILS DOIVENT ÊTRE

COMPRIS ET SAUVEGARDÉS

PAR

A. B. C.

PARIS
E. DENTU, ÉDITEUR
LIBRAIRE DE LA SOCIÉTÉ DES GENS DE LETTRES
PALAIS-ROYAL, 15-17-19, GALERIE D'ORLÉANS

1885

PRÉFACE

Notre intention était de traiter aussi complètement que possible la plupart des questions économiques, les principales du moins parmi lesquelles figurent les relations commerciales et maritimes de la France avec les pays étrangers. Nous avions réuni à cet effet de nombreux documents. Mais ces questions, peu connues généralement, exigeraient, pour être bien comprises, de grands développements et la production d'une multitude de chiffres qui n'intéresseraient presque personne. D'ailleurs, le temps nous manquerait, et nous avons jugé préférable de les analyser sommairement, sauf à en faire l'objet d'une publication complémentaire, si le besoin s'en manifestait.

C'est parce qu'il ne s'agit actuellement pour ainsi dire que d'éléments, de simples indications ou de ré-

sumés, qu'à la place du nom de l'auteur nous avons porté les lettres A. B. C. Elles en sont, au surplus, les initiales.

Dans l'état des choses, il y a, selon nous, urgence à attirer l'attention sur la solution que ces questions, aussi bien que les questions politiques et religieuses, sont appelées à recevoir.

Celle de la meilleure forme de gouvernement est la plus importante de toutes ; les autres s'y rattachent en très grande partie. Que n'a-t-on pas fait, dit et écrit à ce sujet ! Néanmoins, le doute existe encore, même parfois dans les meilleurs esprits, quelle que soit la conviction que tous prétendent avoir.

DES
INTÉRÊTS GÉNÉRAUX

I

Depuis moins d'un siècle, huit ou neuf gouvernements, alternativement créés et détruits par la violence ou l'usurpation, ont existé en France. Aucun n'a duré plus de dix-huit ans, et plusieurs ont vécu beaucoup moins : il a été impossible à la monarchie (Empire ou Royauté) de se maintenir, ni, jusque dans ces derniers temps, à la République non plus.

La force n'a jamais cessé d'avoir la prééminence.

Le respect des principes du droit, de la loi, n'est pas encore entré profondément dans les mœurs françaises. Afin de l'y ancrer, ne pourrait-on pas, à l'instar de ce qui se pratique en Angleterre, créer un corps d'officiers de police volontaires (*constables*) qui seraient appelés à prêter leur concours pour la répression des crimes ou délits politiques commis sur la voie publique ?

Malgré les tristes expériences du passé, beaucoup rêvent toujours de rétablir un gouvernement monarchique. Quel qu'il fût, il n'aurait ni d'aussi fortes assises, ni autant de chances de stabilité que les précédents. Ce serait à recommencer sans cesse.

De toutes parts s'élèvent des discussions vives, acerbes, et rarement un accord en résulte.

Cependant, il est une base qui devrait être généralement admise : l'équité. Or, quel est le régime qui repose le mieux sur cette base? Est-ce la Monarchie? Elle livre fatalement la généralité des populations à la discrétion d'un seul ou d'une famille régnante ; ou bien la République, qui est le règne de la loi, laquelle, faite par tous, est applicable à tous indistinctement? Poser cette question, c'est la résoudre ; qui pourrait le contester? Eh bien! nulle vérité n'est moins reconnue en fait que celle-là. Ceux mêmes qui adoptent le principe pensent ou feignent de penser qu'il est d'une application impossible. Partant de là, ils se montrent disposés à préférer un autre régime au régime républicain, sans réfléchir que, dans le doute, s'ils éprouvent réellement du doute, ils commettent une infraction au droit, c'est-à-dire une injustice.

Un ancien ministre, qui fut un des meilleurs

de la Restauration, disait : « Faites-moi de bonne politique, je vous ferai de bonnes finances. » Il avait parfaitement raison, mais son point de vue semble devoir être, sinon modifié, du moins élargi : lorsqu'un pays est solidement constitué et bien gouverné, lorsque les bases fondamentales en sont établies de telle sorte qu'aucune liberté légitime ne puisse être compromise impunément, les affaires commerciales, industrielles et toutes autres se développent par la confiance, et l'État obtient sans difficulté les revenus dont il a besoin.

Dans cette persuasion, nous avons cru devoir faire précéder le travail que nous ébauchons de réflexions et d'observations relatives plutôt à la politique qu'aux questions économiques ou sociales.

Chacun, en ce moment — qui ne le sait? — interprète les faits à sa manière et par passion. Ils sont par suite dénaturés. Les mots eux-mêmes n'ont plus leur signification réelle.

Il importe de rétablir la vérité là où elle a été altérée; de projeter, si faire se peut, un rayon de lumière sur des points obscurcis souvent à dessein, et de dissiper tout malentendu.

C'est aux hommes de bonne foi que nous nous adressons. Ils ont pu être égarés par l'esprit de parti ou de doctrine, ou par leur intérêt. Il s'agit de les ramener dans la voie de droiture dont aucun d'eux assurément n'a eu l'intention de s'écarter.

Ils se sont trompés ou ils ont été trompés; leur erreur étant reconnue, ils n'y persisteront pas.

Et d'abord, pourquoi les monarchistes croient-ils ou affectent-ils de croire que tous les républicains sont des radicaux, des intransigeants, etc.? Pourquoi, de leur côté, les républicains exaltés se prononcent-ils en grand nombre contre la religion même, en attaquant ses vrais défenseurs aussi bien que ceux qui se disent cléricaux? Parce que ni les uns ni les autres ne veulent se rendre compte des opinions, des sentiments, des tendances qui ne sont pas les leurs.

Diverses causes, dont les principales seront indiquées plus loin, ont surexcité cet antagonisme qui menace de grandir encore.

Pour y mettre un terme, ou tout au moins l'atténuer en apaisant des inimitiés, des haines réciproques qui ne cessent de s'envenimer, un grand pas serait fait si, par exemple, les candidats qui sollicitent les suffrages de leurs concitoyens ne se déclaraient pas comme ils le font, dans beaucoup de circonstances, les ennemis irréconciliables des institutions établies. On ne leur opposerait alors que rarement des adversaires ayant des opinions exagérées. Par suite, le triomphe du bon sens ne tarderait pas à se produire, et les gens raisonnables arriveraient en majorité aux positions élevées, ou seraient chargés de la direction des affaires publiques.

Dans ce cas, on ne verrait plus de scènes de

violence scandaleuses et extrêmement regrettables, comme celles qui ont eu lieu au sein de nos assemblées législatives et, dernièrement, du Congrès lui-même. C'est déjà trop qu'elles se manifestent dans des réunions d'un ordre inférieur où l'absence d'éducation se fait remarquer.

Quelques définitions et explications suffiront peut-être pour amener la conciliation, en rectifiant certaines idées et en rétablissant les faits dans leur exactitude.

II

Les *cléricaux*, qui tous cependant ne sont pas ce qui s'appelle religieux, voudraient subordonner les affaires de l'État, les grands intérêts publics, à des questions religieuses. Pour eux, tout gouvernement qui ne relève pas de la religion, qui n'en dépend pas en quelque sorte, n'existe que de nom. Le combattre à outrance par tous les moyens possibles, c'est ce qu'ils ont le plus à cœur. Ils mettent le droit divin au-dessus de tout, et ils font entrer la politique dans un domaine qui lui est étranger, confondant ainsi deux choses tout à fait distinctes.

Sans tenir compte du *Concordat* ou des conventions intervenues à d'autres époques, et toujours en vigueur quoique l'application en ait été longtemps suspendue, la plupart ne reconnaissent que le pouvoir du Saint-Père le Pape : ceux-ci sont des *ultramontains*. L'épiscopat français, sauf de nobles mais rares exceptions, n'admet plus guère qu'on puisse être catholique sans être ultramontain; de son autorité privée, il annule une partie de ces conventions.

Beaucoup de cléricaux suivent son exemple. Pour plusieurs même, les catholiques ne peuvent être que légitimistes, et *vice versa*.

Tous, sans le vouloir assurément, compromettent la religion et agissent de manière à lui faire grand tort.

Les *jésuites* diffèrent des *ultramontains* proprement dits, en ce qu'ils font *corps*; qu'ils ont des statuts et des règlements particuliers et qu'ils sont placés sous les ordres d'un chef, leur général, à qui ils doivent une obéissance absolue.

Peu soucieux de la nationalité, ils sont cosmopolites. On pourrait en dire autant des anarchistes, mais aucune comparaison n'est à établir entre eux.

Parmi les *jésuites* se trouvent des hommes remarquables, supérieurs même sous le double rapport de l'instruction et de l'intelligence.

Les élèves qu'ils forment avec beaucoup de soin arrivent souvent à des positions élevées. Or, comme ils leur restent généralement attachés et dévoués, cela leur donne une grande puissance, à laquelle ne sont pas étrangers les biens qu'ils ont acquis et qu'ils ne cessent d'acquérir. Ils ont à leur disposition des ressources et une influence considérables.

Mais ils se refusent obstinément à faire connaître leurs statuts. Aussi n'ont-ils été tolérés *comme corporation* qu'à titre tout exceptionnel dans les différents pays de l'Europe; tous les ont repoussés, ne voulant pas voir se former un autre État dans le leur; et si leur présence a été permise dernièrement en France pendant de longues années, c'est que le gouvernement qui s'y était établi croyait avoir besoin de leur concours : avec ou sans raison, il s'appuyait sur les cléricaux dont les jésuites font partie, de même qu'il s'appuyait, selon les circonstances, sur la démocratie.

Individuellement, les jésuites sont, par leur mérite, honorés et recherchés comme instituteurs et comme prédicateurs.

Une différence essentielle existe entre le *cléricalisme* et la religion.

La religion est au plus haut point respectable et doit toujours être respectée. Elle est au-dessus de tous les partis. Ceux qui la pratiquent avec conviction, comme ceux qui l'enseignent, l'expliquent, la font aimer, ont pareillement droit au respect de tous.

Elle est de la plus grande utilité, et, comme on l'a dit il y a longtemps pour Dieu lui-même, si elle n'existait pas, il faudrait l'inventer.

1.

Bien coupables sont les hommes qui voudraient la détruire !

Depuis l'antiquité la plus reculée, tous les peuples, les plus grossiers comme les plus intelligents, en ont eu une, et presque partout, dans l'origine, la base en a été la même.

Mais ce n'est pas sous le manteau de la religion que clerc ou laïque doit chercher à jouer un rôle politique. D'abord ce serait la rapetisser ; puis, en agissant comme citoyen, nul ne peut être admis à profiter d'une qualification quelconque.

Un grand nombre de personnes très religieuses, en réalité, se trouvent dans un camp aussi bien que dans l'autre. Il y en a peut-être autant, proportion réservée, dans le camp des vrais républicains que dans celui des cléricaux.

On perd trop souvent de vue la distinction que nous venons de rappeler.

Malheureusement, beaucoup de gens se sont laissés entraîner et se confient aveuglément à de prétendus chefs qui, sous des dehors trompeurs, n'ont parfois pour mobile que leur intérêt personnel ou l'esprit de parti qu'ils s'efforcent d'inculquer aux autres.

De là, ces fatales erreurs des uns, ces calculs égoïstes, ces calomnies même des autres, et le trouble profond qui se produit dans des opinions dont la sincérité peut à bon droit être révoquée en doute.

La religion, en pareil cas, est un drapeau seulement : elle sert de prétexte à une politique dont le véritable but n'est pas avoué.

Sous ce même drapeau sont réunis des monarchistes de toute sorte : légitimistes, orléanistes et bonapartistes divers.

Ils prennent généralement le nom de *conservateurs ;* conservateurs de quoi ? Leur intention, celle des chefs au moins, est de détruire ce qui existe.

Qu'adviendrait-il s'ils réussissaient ? Y ont-ils bien réfléchi ? Leur faisceau ne tarderait pas à être rompu ; la plupart s'abriteraient encore peut-être sous le manteau du *cléricalisme,* mais cela ne tromperait plus personne et il faudrait nécessairement que chacun arborât ses couleurs réelles. La guerre éclaterait alors entre eux, par la force des choses. Le parti triomphant aurait contre lui tous les autres, y compris les républicains qui, dans l'hypothèse, auraient été vaincus par une déplorable coalition. Une nouvelle révolution s'ensuivrait inévitablement tôt ou tard, et quelle révolution ! Toutes les mauvaises passions ayant été déchaînées, d'effroyables excès, d'affreux malheurs en résulteraient.

Ont-ils prévu cela les braves gens qui, abusés par des sophismes, se laissent entraîner dans une voie dont l'issue leur a été indiquée comme devant être satisfaisante et des plus honorables ? En définitive, ils tomberaient dans un épouvantable abîme.

L'esprit de parti a des racines si profondes qu'à différentes époques et dernièrement encore on a vu les légitimistes *ultra* s'allier aux libéraux ou républicains les plus avancés pour combattre les représentants du plus grand nombre. A qui, en cas de succès, eussent profité les résultats d'alliances aussi monstrueuses? Ce n'est vraisemblablement pas aux premiers, qui, en fin de compte, se fussent trouvés à la merci de leurs *associés*. Tel a été déjà le sort de leurs ancêtres dans des circonstances analogues, mais il paraît qu'ils l'ont oublié.

Les seuls *conservateurs* sont, aujourd'hui, les amis de la République. Les autres usurpent ce nom.

III

Selon certaines opinions, plus ou moins sincères, il ne saurait exister de véritable *morale* sans que la religion en soit la base.

Les monarchistes, aussi bien les monarchistes désintéressés que les autres, en ont conclu et se plaisent à dire qu'il n'y a pas d'honnêtes gens dans le parti républicain, dépourvu, d'après eux, de religion. Ils ne devraient pas ignorer, cependant, que dans ce parti, qui aujourd'hui est en très grande majorité dans le pays (il contrebalance et au delà tous les autres réunis), se trouvent des hommes réellement religieux quoiqu'ils ne soient pas cléricaux. D'ailleurs, la morale n'est-elle pas innée dans le cœur de tous? Si pour quelques-uns les principes n'en ont pas été affirmés, développés par l'éducation, en existent-ils moins dans leur conscience? « Ne faites pas à autrui ce que vous ne voudriez pas qu'on vous fît. » Ou bien: « Faites à autrui ce que vous voudriez qu'on vous fît à vous-mêmes. » « Ne commettez aucune action, ne prononcez pas une parole que vous ne puissiez avouer publiquement sans honte. » Ces maximes ne sont-elles pas généralement admises? Les moins éduqués mêmes ne savent-ils pas quand ils font mal? Est-ce toujours la crainte du châtiment qui retient les uns ou les autres? Ceux qui disent ne croire à rien, pas même à l'immortalité de l'âme, n'éprouvent-ils pas au moins des regrets quand ils ont commis de mauvaises actions? Quelle que soit leur jactance, leur forfanterie, ils se repentent presque toujours d'être sortis de la voie de la justice, de la raison, de la vérité; ce qui prouve qu'ils ne sont pas aussi incrédules qu'ils le prétendent en ce qui concerne la vie future.

Des exceptions existent sans doute, mais elles sont extrêmement rares et constituent des monstruosités : il s'agit alors de brutes ou de bêtes féroces n'ayant plus rien d'humain. La société a le devoir de les traiter comme telles.

La religion n'a donc pas une connexité intime, indispensable avec la morale. S'il en était autrement, il n'y aurait d'honnêteté que chez les observateurs d'un seul culte, chez les catholiques par exemple; les protestants, les israélites, les mahométans et tous autres seraient alors de malhonnêtes gens ; ou bien il y aurait plusieurs morales.

Par d'admirables doctrines, la religion tend à affermir, à enraciner les véritables principes de morale et aussi, hâtons-nous de le dire, de confraternité universelle. C'est là souvent que se trouve la solution des difficultés, des doutes qui précèdent ou accompagnent nos actions : le guide est sûr ; l'interprétation, seule, laisse à désirer quand elle est confiée à des esprits, ou inintelligents, ou troublés par des intérêts de parti ou particuliers quelconques.

En fait, on ne saurait le méconnaître, la plus parfaite morale, la plus exquise délicatesse, les meilleurs sentiments en un mot se rencontrent souvent chez des personnes ne pratiquant aucune religion, aussi bien que chez les autres. Chacun a ses croyances, quoique tous ne suivent pas les préceptes d'une religion déterminée.

Pourquoi chercher à amoindrir ses adversaires, ses ennemis si l'on veut, en les calomniant? Ne vaudrait-il pas mieux reconnaître les qualités qu'ils peuvent avoir, leur rendre justice, les grandir même? N'aurait-on pas plus de mérite ensuite à les convaincre, si faire se pouvait, en rectifiant leurs idées, leurs opinions?

La persuasion résultant d'une discussion sagement raisonnée n'est-elle pas la véritable marche à suivre?

IV

Pour les partis monarchiques, réunis actuellement en grande majorité sous la bannière du cléricalisme, il n'y a pas ou presque pas de distinction à faire entre les différentes classes de républicains. Ils n'admettent pas qu'on puisse être républicain sans devenir tôt ou tard *radical*, *intransigeant* (ce sont les termes consacrés), *socialiste* ou *communiste*, *anarchiste* même; sans vouloir jouer un rôle dans l'État par ambition ou par intérêt, ou sans avoir l'intention de s'approprier tout ou partie du bien d'autrui. D'après eux, ceux qui se déclarent républicains sans appartenir à l'une ou à l'autre de ces catégories sont des peureux, des niais ou des dupes.

La conséquence de ces allégations qui, au fond, manquent de sincérité, mais qu'on se plaît à propager en les répétant ou en les faisant répéter à satiété, est que tout républicain serait malhonnête ou inintelligent. Il n'en est rien cependant; les faits le démontrent chaque jour. L'inintelligence et la peur ne sont pas ordinairement de ce côté, et l'honnêteté existe aussi bien dans un parti que dans un autre. Nous ne parlerons pas ici de ces *affaires*, de ces *sociétés* créées ou dirigées par des hommes qui certes n'étaient pas républicains, et dans lesquelles des fortunes scandaleuses se sont faites au préjudice de petits capitalistes qui y ont perdu une partie de leur avoir quand ils n'ont pas été ruinés.

Toute opinion intéressée ou reposant sur la mauvaise foi est nulle à nos yeux et doit être considérée comme non avenue.

Ajoutons qu'à notre avis aussi le choix fait sans discernement ou par passion seulement d'un parti politique quelconque est sans valeur. Cette observation s'applique aux monarchistes et aux cléricaux plus encore qu'aux républicains : les premiers subissent presque toujours des influences locales, de famille ou de première éducation; les autres ont au moins le sentiment du bon droit et de la justice.

Qu'est-ce qu'un *radical*, un *intransigeant*, un *opportuniste?* Qui pourrait le dire? La plupart de ceux qui emploient ces expressions seraient très embarrassés s'il leur fallait les expliquer.

On prétend, à tort sans doute, que le *radical* veut le nivellement social, c'est-à-dire l'égalité des fortunes, l'abolition de toute supériorité matérielle et peut-être intellectuelle aussi; que, pour atteindre ce but, il ne reculerait devant aucun moyen : ce serait l'échafaud ou les fusillades en perspective. L'*intransigeant*, radical renforcé, n'admettrait aucune transaction, aucun atermoiement, et il aurait volontiers recours à la violence pour obtenir gain de cause; tandis que ceux qu'on appelle *opportunistes* attendraient le moment favorable pour donner successivement au principe toutes les conséquences qu'il leur semble comporter.

De là, les noms de *socialiste*, *communiste* ou *partageux*, de *terroriste* et autres attribués gratuitement à tous les républicains, quels qu'ils soient, et qui, partis de haut, se répandent dans les campagnes et dans les populations des villes, où ils jettent de l'effroi.

Il y a des gens qui vont jusqu'à affirmer que les mots : *radicalisme* et *républicanisme* sont synonymes.

C'est à ce point que, dans un certain monde, on n'admet pas que quelqu'un puisse être ou se dire républicain. Une sorte de mot d'ordre y est donné et fait la loi des salons où il est de mode d'être monarchiste et clérical.

Or, dans un pays comme la France, la mode est une loi à laquelle on ne peut se soustraire qu'en faisant preuve d'énergie ou qu'en s'abstenant de fréquenter le monde où elle est établie. Les femmes, qui la créent, entraînent à leur suite les jeunes gens et les hommes plus âgés qui ne recherchent que leur satisfaction personnelle ou des jouissances d'amour-propre.

Il est curieux de voir nombre de bourgeois de différentes origines, qui, pour se poser avantageusement, se faire accepter ou tolérer dans de telles réunions, adoptent de préférence cette mode. Ils oublient ou voudraient faire oublier que leurs pères, leurs aïeuls ont été les promoteurs de la révolution qui a aboli les privilèges de la noblesse et du clergé, dont beaucoup de membres ont été massacrés sinon à leur instigation ou par eux-mêmes, du moins sans qu'ils aient essayé de s'y opposer.

Cette révolution a été profitable de toutes les manières à leurs descendants. Ceux-ci ont acquis, au détriment des classes abattues, des honneurs dans l'État et de la fortune. Aujourd'hui, reniant le passé qui les a grandis et enrichis, ils cherchent à se constituer, à leur tour, en classe privilégiée. A l'aide de positions dont ils tendent à abuser, ils procèdent contrairement aux intérêts de ceux qu'ils considèrent comme leur étant inférieurs, parce qu'ils sont moins fortunés qu'eux. Ils ont en haine les républicains sincères, et ils leur nuiraient volontiers.

Des gens qui leur ressemblaient à quelques égards n'ont-ils pas persécuté, jusqu'au martyre, les premiers chétiens qui, bravement, confessaient leur foi! N'était-ce pas, en réalité, à cause des grandes idées sociales et humanitaires dont la religion nouvelle était la manifestation, qu'ils cherchaient à la détruire!

Par contre, d'anciens nobles, animés de meilleurs sentiments et éclairés par l'expérience, se montrent disposés à accepter, beaucoup acceptent déjà, en politique et en économie sociale, les principes d'équité proclamés itérativement, même aux époques où leurs familles ont été le plus maltraitées.

Ils ne sont pas révolutionnaires, cependant, ceux-là! Mais la noblesse s'inspire de la générosité, et la générosité repose sur l'équité.

Les autres, assurément, ne sont point ce qu'autrefois on appelait des *aristocrates:* leurs ancêtres ne leur ont pas créé de qualités nobiliaires en versant leur sang sur les champs de bataille de l'ancienne monarchie.

Quoique dépourvue de privilèges, la noblesse n'en existe pas moins; noms et titres rappellent des souvenirs, des faits historiques, dont il est permis de se glorifier et qui ne doivent choquer personne. Chez elle, se rencontrent presque toujours d'excellentes traditions d'honneur et de patriotisme. Les garanties de bonne éducation n'y font pas défaut non plus.

Non, il n'est pas vrai que tous les républicains soient radicaux dans le sens qu'on paraît vouloir attacher à cette dénomination, communistes, socialistes ou quoi que ce soit d'approchant.

Au surplus, la plupart de ceux qui s'intitulent eux-mêmes radicaux repoussent l'interprétation ainsi donnée à leur doctrine. Tout dernièrement encore, un des chefs reconnus de ce parti, dans un discours mémorable, s'est exprimé de manière à ne laisser subsister aucun doute à cet égard. Après avoir rappelé que le principe fondamental du groupe politique à la tête duquel il se trouvait, est de soutenir le gouvernement dans toutes celles de ses propositions qui marqueraient une progression réelle dans la voie des réformes démocratiques indispensables au développement des institutions républicaines, il a ajouté que les membres qui composent ce groupe ne se sont jamais associés à des propositions ou à des solutions excessives. D'après lui, les radicaux seraient uniquement des républicains qui, tout en répudiant l'absurde doctrine *du tout ou rien*, voudraient des institutions essentiellement démocratiques et libérales.

Les républicains dits *opportunistes* acceptent encore moins que ceux-là toute exagération, toute solution prématurée; ils n'entendent donner leur adhésion qu'aux mesures bien étudiées, approfondies, mûries, et qui leur semblent pouvoir être adoptées sans préjudice pour personne. Comme beaucoup de radicaux, ils veulent n'employer que les voies légales et pacifiques.

V

En réalité, la République est simplement une forme de gouvernement à laquelle tous sont appelés à prendre part; c'est le droit commun. Au point de vue de la justice, il n'y a pas de régime plus rationnel et qui doive mieux convenir à l'humanité. Seul, il comporte l'égalité politique, laquelle exclut les privilèges de toute nature.

Les pouvoirs monarchiques, au contraire, ne peuvent exister qu'en s'appuyant sur des classes privilégiées, jouissant de l'hérédité ou faisant tout au moins l'objet d'institutions à vie.

La monarchie dans ces conditions, étant dite de droit divin, constitue une espèce de dogme auquel il faudrait croire aveuglément, comme on croit aux dogmes de la religion catholique. Là, cependant, le libre examen n'est pas défendu, et la monarchie ne saurait en supporter les conséquences : elle ne tarderait pas à être détruite, ce qui est arrivé plusieurs fois déjà. Une famille unique n'a pas été créée pour gouverner, pour posséder en quelque sorte de nombreuses populations qui elles-mêmes n'ont pas dû naître pour être ainsi la propriété d'autrui. Les temps d'esclavage et de vassalité sont passés. Ils ont pu avoir leur raison d'être lorsque la force était souveraine, devenait presque un droit, était enfin l'*ultima ratio;* mais il n'en est évidemment plus de même.

Le principe de la *légitimité*, qui constitue le dogme politique en question, ne doit, *sous peine d'être annihilé,* subir aucune altération; nul n'est fondé à apporter un changement quelconque dans la filiation masculine en ligne directe et par primogéniture, quels que soient les hommes appelés, par leur naissance, à monter sur le trône, fussent-ils imbéciles ou seulement incapables. Tout acte de renonciation pour soi ou pour ses descendants devrait donc éventuellement être considéré comme nul et non avenu.

Ceux qui respectent scrupuleusement ce principe sont les vrais *légitimistes*. Quelles que soient leurs illusions, leurs espérances plus ou moins chimériques, par la droiture de leur caractère et de leur conduite, ils sont au-dessus de toute critique.

Lorsque la monarchie n'a pas les bases qui viennent d'être indiquées, elle est sans conteste une des formes du gouvernement républicain.

Que le chef de ce gouvernement reçoive le titre de Roi, d'Empereur ou de Président, peu importe. Seulement, sous le régime républicain bien compris, il ne saurait y avoir de représentants du peuple : président, sénateurs, députés, héréditaires ou nommés à vie. La durée de leur mandat devrait même être limitée, dans tous les cas, à un petit nombre d'années.

D'un autre côté, la revision de la Constitution du pays semblerait devoir être rendue obligatoire, dans des conditions déterminées, à des époques périodiques, mais plus distancées. Le pacte fondamental serait alors modifié ou non, mais il pourrait l'être de droit. De cette manière, on obvierait aux difficultés et aux troubles résultant de demandes de revision, ou faites prématurément, ou susceptibles d'être repoussées par une fin de non-recevoir.

Les hommes appelés à créer ou à changer une constitution, pas plus que tous autres, fussent-ils les plus nombreux, n'ont jamais le droit d'engager outre mesure l'avenir; en d'autres termes, de stipuler irrévocablement pour ceux qui viendront après eux. C'est ce qui a fait dire que la République est au-dessus même du suffrage universel.

La généralité des citoyens doit pouvoir concourir à la confection des lois auxquelles tous, sans aucune exception, sont soumis.

Que les mandataires (législateurs ou constituants) soient choisis directement au scrutin de liste, pour des parties plus ou moins considérables du pays, ou, privativement, par fractions moindres du territoire; que les élections soient opérées du premier coup ou bien à plusieurs degrés successifs, le principe n'en subsiste pas moins. Ce sont des points qui, selon nous, devraient être réglés par la Constitution plutôt que par les pouvoirs législatifs. Ce qu'elle ferait, une autre pourrait toujours le défaire. Ainsi, la Constitution existante, laquelle a été votée par la majorité d'une Assemblée unique qui, à la rigueur, aurait dû être nommée spécialement, détermine le mode d'élection des députés, des sénateurs et du Président de la République, dont elle a créé l'organisation. Mais cette Constitution est susceptible de revision ; elle peut être modifiée complètement après un certain délai d'expérimentation, et il n'y aurait rien d'étonnant à ce qu'une autre toute différente fût alors adoptée, dans les limites fondamentales, bien entendu, dont il vient d'être question.

L'inamovibilité de nombre de sénateurs est une anomalie, et, à cet égard aussi bien qu'à plusieurs autres, les institutions actuelles, qui d'ailleurs, à tort, laissent subsister la possibilité de conflits entre les deux Assemblées législatives, pourraient, d'après leur fonctionnement, être reconnues défectueuses.

L'expérience acquise en nécessiterait, dans ce cas, de profondes modifications.

Cela devrait éventuellement s'effectuer sans secousse, tout naturellement, par la volonté exprimée des représentants du plus grand nombre.

Déjà une loi, celle du 9 décembre 1884, est

venue, après un congrès de revision, changer le système d'organisation du Sénat et d'élection des sénateurs, et, depuis le peu de temps que la Constitution existe, le chef de l'État a été remplacé deux fois sans que la moindre commotion se soit produite dans le pays.

Un semblable changement dans une monarchie ne pourrait avoir lieu, et, en fait, n'a jamais eu lieu qu'au prix d'une révolution sanglante.

La Constitution est la loi des parties : chacun lui doit respect et soumission, lui devrait protection même, si, par impossible, quelque tentative audacieuse était faite pour la détruire.

Le point capital c'est que tous, sauf un petit nombre d'exceptions, soient appelés à élire les représentants du peuple, quels qu'ils soient, représentants qui, selon le cas, doivent avoir plein pouvoir d'organiser, mais qui ne sauraient évidemment pas fonder un gouvernement pour un temps trop prolongé. S'ils outrepassaient à cet égard le mandat tacite ou formel qui leur aurait été donné, de nouvelles et, on peut le dire, d'inévitables révolutions ne tarderaient pas à éclater. La force peut primer le droit; l'injustice, les mauvaises passions et le despotisme peuvent prendre le dessus ; mais c'est un état de maladie aiguë du corps social qui rarement devient chronique : le bon droit, l'équité, la justice, la morale en un mot reparaît toujours, et devant elle sont chassées les iniques usurpations.

Tout plébiscite qui, à tort ou à raison, interviendrait sur l'appel d'une majorité éphémère, perturbatrice ou non, ne pourrait jamais non plus engager l'avenir que pour un temps très limité. Dans ce cas, un autre acte de la même nature devrait nécessairement, à une époque peu éloignée et déterminée à l'avance, exprimer la volonté du peuple sur la même question. Mais il vaudrait mieux s'abstenir d'entrer dans cette voie de plébiscites, pleine de dangers de toute sorte.

VI

Nous ne faisons nulle difficulté de reconnaître que, par sentiment, c'est-à-dire par affection pour les personnes, par reconnaissance pour des bienfaits reçus ou pour des services acceptés; par compassion même, seulement, pour le malheur, il y a des partisans sincères des régimes monarchiques déchus. Nous-même eussions été légitimiste si nous n'avions écouté que notre attachement pour les membres de la famille honnête, chevaleresque, dont le règne a pris fin en 1830. Que d'autres éprouvent le même sentiment pour la branche cadette de cette famille, nous le comprenons sans peine, et nous savons qu'il y a pareillement des amis désintéressés de la dynastie napoléonienne.

Mais ce que nous ne pouvons pas admettre,

c'est que, dans des questions d'une telle importance, alors que la fortune et la vie d'un nombre immense de personnes sont en jeu, les passions soient assez puissantes pour dominer la raison. Ce serait en quelque sorte, dans l'ordre moral, la force qui primerait encore le droit.

Nul doute que les hommes de bonne foi de tous les partis ne soient sur ce point de notre avis.

Ils seraient, disent-ils, républicains, s'ils croyaient que la République fût possible en France.

Ce qui s'oppose, d'après eux, à ce qu'elle s'établisse solidement, c'est la crainte qu'elle inspire par les souvenirs du passé et aussi par l'attitude, les discours, les écrits et la conduite de certains radicaux, ou plutôt des *anarchistes*, quel que soit le titre qu'ils s'attribuent ou qui leur est attribué.

L'objection ne manque pas de force. Elle est la plus répandue et la seule peut-être qui mérite une sérieuse attention. En l'analysant, toutefois, on ne tarde pas à s'apercevoir qu'elle est plus spécieuse que réelle.

La République actuelle, malgré les affreux agissements de la Commune de 1871, peut-elle être comparée à celle qui l'ont précédée? Quels sont les *radicaux* qui montrent aujourd'hui autant de violence que les exaltés, les ultra-républicains ou les communistes de 1793 et de 1848? Peut-on dire qu'ils soient disposés à commettre les mêmes excès, les mêmes crimes, ou à faire, comme ceux-là, des revendications exorbitantes et de nature à jeter le trouble dans l'esprit des uns, l'inquiétude et la terreur dans celui des autres? Nous sommes loin de le penser. Les circonstances dans lesquelles s'est produite l'insurrection criminelle de 1871 étaient tout exceptionnelles, et il est à croire qu'elles ne se reproduiront pas. Des propositions incohérentes, absurdes ou subversives sont encore sans doute émises trop fréquemment dans des réunions publiques ou privées; quelques écrits incendiaires apparaissent aussi de temps en temps; mais le bon sens public en fait prompte justice.

Les unes et les autres n'en sont pas moins suivis de fâcheux effets, entre autres celui de fournir des arguments, de servir de prétexte aux adversaires du gouvernement républicain. Les exagérations de langage, les manifestations bruyantes, effroyables des anarchistes sont extrêmement nuisibles à ce gouvernement, dont on peut dire qu'ils sont les plus grands ennemis. Le *radicalisme* ainsi entendu serait à la République ce que le *cléricalisme* semble être à la religion. Les intransigeants de gauche sont au moins aussi dangereux et font autant si ce n'est plus de mal que les intransigeants de droite.

Au fond, toutes ces manifestations n'ont presque jamais, en réalité, d'autre but que d'attirer l'attention sur ceux qui s'y livrent. Ils savent très bien, et de nombreux exemples le prouvent, que la modération et le bon sens atteindraient rarement ce but. Or, comme ils veulent à tout prix se faire un nom, se créer un parti, *arriver* enfin, par suite d'une célébrité, quelque pitoyable qu'elle puisse être, c'est à qui dépassera les autres dans l'expression de doctrines et d'idées plus que déraisonnables et ne supportant pas l'examen.

Pour toute capacité, ils ont de l'ambition, ou plutôt des appétits.

Néanmoins, la violence, en paroles du moins, leur réussit souvent. Cette observation peut s'appliquer, quoique à un degré infiniment moindre et dans des conditions différentes, aux hommes politiques de presque tous les partis : leurs exposés de principes sont très *enflés*, pour ne rien dire de plus, quand ils désirent se faire élire ou élever à d'autres positions.

Mais leur conduite ultérieure en diffère ordinairement.

Ce changement ne tient qu'en faible partie ou ne tient pas du tout à la différence des points de vue, par laquelle il est souvent expliqué.

Il constitue un tort grave à leur charge, ce qui n'empêche pas ceux qui cherchent à leur succéder d'agir de la même manière.

VII

Plusieurs des mesures législatives et gouvernementales adoptées depuis quelques années et les dernières élections successives de sénateurs, députés, conseillers généraux, d'arrondissement ou municipaux, classés comme appartenant au *radicalisme*, ont encore effrayé les monarchistes ou cléricaux, et aussi, nous ne devons pas le dissimuler, un certain nombre de républicains modérés dont quelques-uns, déjà peu convaincus, ont changé d'opinion. Ils ont cru y voir une tendance à faire entrer la République dans une voie néfaste.

Les institutions actuelles ont été attaquées avec plus de violence que jamais; de nouvelles coalitions se sont formées pour prévenir de semblables élections; rien n'a été négligé pour les contre-balancer, et cependant qu'y avait-il de si grave à en redouter? Quel mal en est-il résulté jusqu'à présent? Quelqu'un a-t-il été injustement maltraité, blessé dans son honneur ou dans ses intérêts?

Nous n'admettons pas que les gouvernants, quelle que soit leur manière d'agir plus ou moins critiquable en matière religieuse, de droit public ou de bonne administration, puissent être considérés, dans aucun cas, comme étant un nouvel obstacle à l'existence de la République : les questions individuelles sont ici secondaires ; personne n'est indispensable ; tous peuvent être remplacés : le principe est immuable.

Avec le temps, des améliorations se produiront nécessairement. Les plus dignes et les plus capables arriveront toujours au premier rang, on ne saurait en douter ; ce qui se passe à cet égard dans un pays voisin en est une preuve évidente. Il est vrai qu'il est constitué depuis deux siècles et que la France l'est à peine.

La République est essentiellement le règne de la loi, quel que soit celui qui est appelé à la faire exécuter. Nul ne pourrait s'y soustraire sans être traité comme factieux. Les soi-disant radicaux ou intransigeants, socialistes ou communistes, ne sont donc guère à craindre. S'ils s'écartaient du terrain de la discussion paisible, permise ou tolérée, ils s'exposeraient beaucoup. Le recours à la violence ne pourrait, à la rigueur, être admis que dans le seul cas où le principe fondamental du régime républicain serait violé.

Depuis longtemps, le gouvernement fait preuve d'une grande longanimité : il tolère, ce qui lui est souvent reproché, une liberté presque illimitée de langage dans des réunions publiques et de publication dans la presse périodique ; il laisse même attaquer violemment ses principaux membres. En est-il résulté des désordres, des conflagrations ?

Nullement. Les énergumènes qui se sont livrés à ces excès et qui, un moment, avaient obtenu une certaine vogue populaire, tombent dans le discrédit et deviennent de plus en plus odieux ou ridicules. Ils tendent à être l'objet de la risée de ceux mêmes qui d'abord avaient paru les approuver, tant il est vrai que ce qui est faux ne dure qu'un temps, d'ordinaire assez court.

Aucun des gouvernements précédents n'a agi avec autant de modération et de tolérance, et c'est celui-ci que, par une contradiction singulière, on accuse, souvent aussi, d'en manquer!

Que les *radicaux* (nous ne parlons pas des intransigeants et encore moins des anarchistes) s'efforcent de préparer, par la discussion et la persuasion, les modifications qui, à leur point de vue, devraient être apportées à la Constitution et dont la réalisation aurait lieu, si elles étaient adoptées, au moment où la revision en deviendra possible, personne ne saurait y trouver à redire. Les autres partis n'ont-ils pas le droit de recourir aux mêmes moyens, selon leur manière différente de voir? N'usent-ils pas largement de ce droit? N'en abusent-ils pas quelquefois?

En attendant, que les *radicaux* (c'est le nom qu'on s'accorde à leur donner) ou tous autres proposent des changements dans l'assiette de l'impôt pour amener une répartition plus équitable des charges publiques; dans l'organisation, qui leur paraît défectueuse, des administrations de l'État, de la magistrature, de l'armée, en un mot de ce qui est du ressort de la législation, touche au gouvernement ou intéresse le pays, il n'y aurait encore là pas matière à critique : chacun est libre d'émettre ses opinions sur ces différents points, de chercher à les faire prévaloir par des dissertations raisonnées et sans violence.

Si à cela doit se réduire le rôle des radicaux, les craintes qu'a occasionnées leur élection se dissiperont d'elles-mêmes. Elles ne résisteraient pas, dans tous les cas, à l'explication rationnelle des faits.

Mais en fût-il même autrement; y eût-il des dangers réels, des malheurs momentanés résultant de la conduite répréhensible ou coupable de ces hommes, d'ailleurs en petit nombre, à qui des opinions extrêmes et d'une application impossible sont attribuées, serait-ce une raison pour que le principe cessât d'être vrai ? Les abus d'une chose peuvent-ils faire que de bonne elle devienne mauvaise? N'est-il pas généralement admis que les exceptions confirment la règle?

VIII

Les partis hostiles à la République prétendent qu'elle n'a pas d'alliances et ne trouve pas de sympathies à l'étranger, où elle rencontrerait plutôt de la répugnance et du mauvais vouloir.

C'est encore une erreur. Nos relations avec les puissances continentales, même avec l'Allemagne, sont devenues satisfaisantes, presque amicales.

En a-t-il toujours été ainsi sous le dernier régime et durant la royauté de Juillet ? Le traité de 1840, conclu à l'insu de la France, qui en avait été exclue, est-il déjà oublié ? Qui est-ce qui est intervenu en faveur de l'Empire lors de ses plus cruelles épreuves ?

La France inspire maintenant de la confiance. Sans préjuger l'avenir, on peut dire qu'elle ne cherche pas à susciter des embarras aux autres pays, ni à saper les bases de leurs gouvernements.

Efforçons-nous de voir, de dégager et de montrer la vérité dans toutes les circonstances où elle a été altérée à dessein par les uns et méconnue par les autres.

D'après les mêmes partis, le *suffrage universel* aurait été établi trop brusquement en France et ne devrait pas être maintenu.

Le nombre, disent-ils, ne vaut pas la qualité : la voix d'un homme instruit, éclairé, honnête, ne peut, à leur avis, être mise en balance égale avec celle de tout autre dépourvu de ces qualités, parfois même d'intelligence et ayant de mauvais instincts. Cela n'est guère contestable ; mais qui serait juge des faits ? Où s'arrêterait-on ? Quelle serait la limite en deçà ou au delà de laquelle s'opérerait le classement ? Dans l'hypothèse même où ils se sont placés, nul, à moins d'indignité constatée, ne saurait être privé de la faculté de voter. Sur quoi se fonderait-on pour retirer cette faculté à un seul citoyen digne de ce nom ou à une catégorie de citoyens réputés honnêtes ?

On a fait souvent cette observation : les uns ont des propriétés sur lesquelles portent des taxes très lourdes pour la plupart, taxes dont les autres sont affranchis : d'où la conséquence que ceux-ci ne devraient pas être admis à nommer les législateurs qui votent l'impôt.

Sur cette question le désaccord n'est pas possible. Elle est aussi bien sociale que politique.

Quelles que puissent être les défectuosités du suffrage universel, tel qu'il a été établi et qu'il fonctionne, il repose sur un droit indéniable.

Toute infraction à ce droit servirait de prétexte, sinon de motif, à l'insurrection, ainsi que cela a eu lieu souvent à d'autres époques.

C'est à tort, au surplus, qu'on va jusqu'à prétendre que les pauvres et ceux qui ne vivent que du produit de leur travail sont affranchis des charges publiques. Ils les supportent, au contraire, dans une proportion plus forte que les autres. S'ils n'ont pas à subir les impôts portant sur la propriété, ils sont soumis à la presque généralité des contributions dites indirectes. Pour s'en convaincre, il n'y a qu'à jeter un coup d'œil sur ce qu'ils payent à l'État pour les boissons, le tabac, etc., qu'ils consomment. Une somme, quelque minime qu'elle soit, donnée ainsi par celui qui ne jouit d'aucun revenu, est relativement plus considérable que celle de beaucoup supérieure comme chiffre exigée du riche propriétaire.

Ajoutons qu'il existe un impôt qui pèse plus lourdement sur les uns que sur les autres, eu égard aux positions respectives de famille et de fortune : *l'impôt du sang*, ainsi qu'il a été souvent nommé. En effet, chacun, indistinctement, étant appelé à payer de sa personne pour le service militaire, à contribuer, en un mot, dans une mesure égale à ce service, la proportionnalité n'est évidemment pas sauvegardée. Cette charge est plus onéreuse aux pauvres qu'aux riches, par le motif que, pendant de longues années, les premiers se trouvent dans l'impossibilité de venir en aide à leurs familles, lesquelles en ressentent ordinairement une gêne ou un grand embarras.

Il y a là, au point de vue de la justice distributive, un inconvénient grave. Mais comment pourrait-on y remédier ?

Nul, aujourd'hui, n'est admis à se faire exonérer à prix d'argent du service militaire, auquel tous sont obligés de consacrer une partie de leur temps.

L'impôt du sang ne devrait, dès lors, plus être considéré comme un impôt, si la faveur accordée au volontariat d'un an et le payement exigé d'une somme que tous n'ont pas à leur disposition ne venaient le faire classer comme tel.

Des considérations d'un ordre élevé sont toutefois de nature à en changer le caractère : les intérêts matériels ne sont plus seulement engagés ici; ce sont les intérêts moraux qui y jouent le principal rôle, et lorsqu'il s'agit de défendre l'honneur, l'intégrité ou la prospérité du pays, la vie, le bien-être de sa famille, de ses concitoyens, la question de répartition proportionnelle de l'impôt devient secondaire.

D'ailleurs, quelques compensations sont déjà accordées, quoique dans une faible mesure, aux moins fortunés, par des exonérations d'impôts, notamment en ce qui concerne la contribution personnelle et mobilière. Elles seraient augmentées si les dispositions que nous allons proposer en leur faveur étaient adoptées.

A notre avis, ce qu'on pourrait faire de mieux au sujet du recrutement de l'armée, ce serait de rendre égale pour tous, sans exception, *en supprimant le volontariat d'un an*, la durée du temps de service sous les drapeaux. La charge ne cesserait pas alors sans doute d'être plus lourde pour le pauvre que pour le riche, mais l'égalité de traitement pour l'un et l'autre serait, tout porte à le croire, considérée par le premier comme une compensation. Il y trouverait du moins une sorte de satisfaction morale.

Ne parviendrait-on pas, au surplus, par ce moyen, à reconstituer de bons cadres de sous-officiers, à former de bons officiers même.

La législation actuelle, loin d'être favorable aux pauvres, lèse leurs intérêts.

Sur plusieurs points, elle devrait être profondément modifiée, ou réformée. Les retards apportés à entrer dans cette voie, et qui se prolongent indéfiniment, sont des plus fâcheux. Ils sont en grande partie la cause des vives attaques dont le gouvernement républicain est l'objet de la part de ceux qui souffrent et qui, en réalité, ont à se plaindre d'un état de choses créé par des intérêts de classes et maintenu inconsidérément par négligence ou défaut de sollicitude.

Ne serait-il pas préférable de mettre enfin un terme à ces retards plutôt que de s'occuper à tort, comme on ne cesse de le faire, de questions irritantes et qui, par la solution qu'elles ont reçue ou qu'elles reçoivent, créent de nouveaux antagonistes à ce gouvernement ?

En définitive, le suffrage universel, en admettant même qu'il ait été établi prématurément et que, d'après la manière dont il fonctionne, il ne soit pas à l'abri de justes reproches, est aujourd'hui acquis. Il est fondé en droit, en raison, en parfaite équité, et les plus grands dangers résulteraient de toute tentative qui aurait pour but de le supprimer ou seulement de le restreindre. Avec le temps, les effets en seront plus modérés, mieux pondérés, moins passionnés; la marche en sera plus satisfaisante, et il ne faut pas perdre de vue qu'il constitue la base de tout gouvernement républicain, quoique naguère on en ait abusé sous un autre régime.

Ne craignons pas de prédire que ceux qui le critiquent le plus à présent, en seront plus tard les défenseurs convaincus et qu'ils deviendront sincèrement républicains. Ils s'étonneront alors d'avoir eu leurs anciennes opinions, et ils se montreront probablement plus ardents dans leur nouveau sens qu'ils ne l'auront été dans l'autre.

La République ne s'établira-t-elle pas un jour, par la force de la raison, dans tous les pays civilisés.

Cette allégation semblera paradoxale. Mais on verra des choses plus extraordinaires que celle-là. Qui oserait affirmer que, dans un demi-siècle, les Chinois, mieux instruits dans l'art de la guerre, bien armés et disciplinés, n'auront pas envahi l'Europe?

Parmi les adversaires, pour ne pas dire les ennemis déclarés du suffrage universel, figurent de nombreux bonapartistes. Ils ne se rappellent donc pas qu'à d'autres époques ils ont été les plus grands partisans de plébiscites dont le chef de leur choix a profité! Aujourd'hui encore, la plupart d'entre eux réclament vivement *l'appel au peuple*.

IX

Quant au *socialisme*, il n'est pas à répudier d'une manière absolue et sans examen.

Si l'on entend qu'il doive constituer un état de guerre des classes déshéritées de la fortune contre les autres, il est absurde, abominable et doit être combattu à outrance. Dans cet ordre d'idées, s'il triomphait, ce serait le retour à la barbarie la plus sauvage, ce serait le chaos : il n'y aurait bientôt plus ni liens de parenté ni autres d'aucune sorte entre les hommes. Ils lutteraient sans cesse les uns contre les autres, s'entr'égorgeraient, et la force brutale seule régnerait en s'imposant partout.

Le *socialisme* bien compris, au contraire, repose sur les vrais principes d'humanité ; la confraternité en est la base. Les plus fortunés doivent venir en aide à ceux qui le sont le moins, non par des aumônes, car le plus ordinairement elles sont dégradantes, mais en prenant l'initiative ou en concourant à l'adoption de mesures utiles ou avantageuses à ceux-ci.

L'intérêt des consommateurs en général se place en première ligne ; vient ensuite celui plus spécial des classes laborieuses. L'un et l'autre semblent pouvoir être favorisés par la coopération en ce qui concerne les dépenses, par l'association ou la participation quant aux bénéfices, et surtout par une bonne assiette des impôts, laquelle est du ressort de la législation et non plus de l'initiative privée seulement.

Les pauvres sont à secourir par d'autres moyens, principalement par la création d'établissements de refuge plus nombreux et bien organisés.

La coopération est un des meilleurs modes à adopter pour amener le bon marché relatif des objets nécessaires à la vie de tous. On ne saurait la fonder sur une trop large base ou la propager sur un trop grand nombre de points, et elle devrait être étendue le plus possible à d'autres objets encore, par exemple à ceux qui sont classés comme matières premières indispensables aux petites industries.

Il y aurait alors moins d'intermédiaires entre les producteurs ou les grands industriels et les consommateurs ou les sociétés coopératives les représentant.

Des sociétés de ce genre existent déjà dans beaucoup de localités, entre autres à Paris, Roubaix et même dans l'établissement de la marine à Indret. La plupart ont obtenu un plein succès. Celle d'Indret, créée sous la direction et par les soins d'un homme de grand mérite, est extrêmement utile aux nombreux ouvriers employés dans cet établissement : ils peuvent ainsi que leurs familles s'y procurer, à des prix très réduits, la plupart des choses dont ils ont besoin, ce qui leur permet de vivre assez bien malgré le peu d'élévation de leurs salaires. On y trouve jusqu'à des bains chauds, dont chacun peut jouir moyennant la modique somme de 15 centimes.

Ce sont les intermédiaires qui, actuellement, profitent le plus du développement des affaires commerciales. Les gains qu'ils font, parfois avec exagération, sont, en grande partie, la cause du renchérissement dont se plaignent avec raison les consommateurs. Ce renchérissement serait atténué d'une manière sensible, au grand avantage des particuliers et de certaines industries, s'il s'établissait de plus nombreuses sociétés coopératives. Le bon marché qui en résulterait serait, par l'accroissement de la consommation, pareillement favorable aux intérêts généraux du pays.

Les intermédiaires les plus nuisibles aux consommateurs sont, d'abord, les marchands en détail; puis, en remontant, ceux qui revendent à ces marchands et à des industriels les produits qu'ils ont eux-mêmes achetés, quelquefois de deuxième main déjà, quand ce n'est pas de troisième. On comprend qu'une marchandise ayant fait l'objet de plusieurs trafics successifs, se vend, en fin de compte, plus cher que si elle émanait directement du producteur : un bénéfice est nécessairement prélevé par chacun de ceux qui l'ont alternativement achetée, vendue ou revendue, et tous s'en attribuent le plus qu'ils peuvent, soit pour faire face aux frais de leur commerce : loyer de magasins ou boutiques, contributions, personnel, etc., soit pour leurs dépenses particulières et pour satisfaire leurs désirs de confort ou de luxe.

Dans les cas de spéculations, la cherté est souvent encore plus grande, car l'influence de l'argent est telle, que, nonobstant les efforts de la concurrence, il n'est pas rare de voir s'établir des monopoles.

Plus sont considérables les espèces de marchandises dont il est trafiqué, plus les intermédiaires et, au début, les spéculateurs font de bénéfices; c'est ce qui nous autorise à dire que le développement des *affaires* est avantageux à ceux qui ont à vendre, et nuisible à ceux qui n'ont qu'à acheter.

L'augmentation du numéraire dans le pays, en amenant un plus grand nombre de demandeurs, est aussi une cause, et non la moins importante, de renchérissement; et lorsque la circulation de ce numéraire est active, ce qui a lieu toutes les fois que les mouvements commerciaux se multiplient ou grandissent, la quantité s'en accroît encore, fictivement du moins.

Mais si les négociants, marchands ou intermédiaires et les industriels aussi tirent, en grande majorité, profit de ces mouvements commerciaux et s'enrichissent, il n'en est pas de même de ceux qui, ne jouissant que d'un revenu fixe, n'y prennent aucune part; l'exhaussement de prix qui en résulte leur est, au contraire, onéreux. Les rentiers, les petits propriétaires souvent, les agents du gouvernement, les officiers de terre et de mer, les retraités en général et leurs veuves sont principalement dans ce cas.

Les possesseurs de valeurs mobilières ont au moins la perspective d'une augmentation des fonds qu'ils ont ainsi placés. Tout porte à croire, en effet, vu la diminution du loyer de l'argent, conséquence forcée de l'abaissement de sa valeur représentative, que dans un temps plus ou moins rapproché, le capital de ces valeurs, comme celui des rentes sur l'État, s'élèvera dans une proportion considérable.

Les petits propriétaires peuvent aussi progresser ; mais les autres ne sauraient guère conserver l'espoir d'obtenir toutes les améliorations de position qui leur sont nécessaires, les exigences budgétaires ne permettant pas de les leur accorder. Ils sont donc, relativement, les moins heureux, car, alors que la situation des simples ouvriers eux-mêmes s'améliore sensiblement, ils ne prospèrent pas et vivent plus difficilement. C'est pour eux un véritable déclassement.

On se demande pour quels motifs ceux d'entre

eux qui le peuvent n'entreraient pas dans des sociétés coopératives.

Les compagnies et les individualités qui associent leurs agents, ou les admettent à participer aux bénéfices des exploitations qu'elles dirigent, obtiennent, d'autre part, d'excellents résultats : chacun a intérêt à faire fructifier l'établissement qui est en quelque sorte la propriété de tous, et le travail y est d'ordinaire aussi satisfaisant que possible.

Les différentes mesures qui viennent d'être rapidement énumérées rentrent dans ce qu'on appelle *l'économie sociale ou politique.*

La différence entre celle-ci et le *socialisme*, tel que nous l'entendons, tient à ce qu'à l'économie politique se rattachent, en outre, les relations internationales de commerce.

X

Une autre catégorie de l'opinion avancée, c'est le *libéralisme*. Cette catégorie comprend ceux qui veulent la liberté, toutes les libertés possibles, non seulement pour leur propre pays, mais encore pour les pays étrangers. Ils sont par trop généreux et font bon marché de l'esprit de nationalité. En cela, ils diffèrent des *patriotes* proprement dits. D'après eux, le mot libéralisme signifierait liberté et libéralité.

Les partisans du *libre-échange* ont la prétention d'être *libéraux*.

Au premier aperçu, la raison semble être de leur côté. Leur système n'est pas, cependant, susceptible d'une application immédiate; ils prennent la loi de l'avenir pour celle du présent : l'éducation publique n'est pas suffisante pour que ce système puisse être adopté sans inconvénient, s'il doit jamais être adopté complètement. Les conditions comparatives des divers pays, très distincts encore les uns des autres, sont tellement dissemblables sous une multitude de rapports, particulièrement sous ceux du climat, des productions naturelles, des fabrications, etc., que, dans l'hypothèse, les uns seraient favorisés au détriment des autres, l'équilibre cesserait d'exister entre eux : la liberté commerciale, avantageuse aux pays notoirement industriels, deviendrait nuisible à ceux dont l'agriculture fait la principale richesse. Ceux-ci se trouveraient fatalement lésés.

Ne doit-on pas penser d'abord à sa famille, à ses amis, à ses concitoyens, avant de prendre les intérêts des étrangers, tout en ayant soin de ne commettre aucune injustice envers eux? N'imitons pas ces négrophiles qui, par entraînement ou pour toute autre cause, faisaient de grands sacrifices en faveur des esclaves et qui laissaient dans la souffrance, dans la misère, leurs plus proches parents. N'y a-t-il pas des personnes qui préfèrent les animaux à leurs semblables!

Déjà, on a fait faire, prématurément et sans préparation, des pas en avant au *libre-échange*. Les intérêts de nombreuses industries nationales qui n'avaient pas eu le temps de renouveler leur outillage en vue de la lutte à soutenir, ont été sacrifiés. Les étrangers, les Anglais principalement, en ont profité : nous avons envoyé et nous continuons d'envoyer au dehors nos produits naturels, ou de consommation alimentaire, et nos vins; par contre, nous recevons de plus grandes quantités de produits manufacturés exotiques, qui nuisent au placement de nos propres fabrications, devenues plus coûteuses à cause du renchérissement de la vie normale, de la main-d'œuvre, par conséquent, et des matières nécessaires à l'industrie.

On s'est proposé de favoriser les consommateurs par la concurrence, et de développer le commerce international. Mais on a perdu de vue que la France est un pays essentiellement agricole, et ce but n'a été qu'en faible partie atteint, si même il l'a été : la plupart des résultats sont tout autres que ceux attendus. Pour un grand nombre de consommateurs, la vie est plus difficile qu'auparavant, et il est à craindre que la voie dans laquelle on est entré ne présente un jour ou l'autre de sérieux inconvénients, des dangers même, quels que soient les avantages que puisse procurer aux négociants et aux intermédiaires le développement des transactions commerciales avec l'étranger, lequel, au surplus, eût été à peu près le même sous l'empire du régime précédent.

Plusieurs de nos industries sont en grande souffrance. L'agriculture, entre autres, qui n'est pas suffisamment protégée par des droits de douane et qui a de lourdes charges à supporter, périclite de plus en plus. Elle se trouve actuellement dans l'impossibilité de soutenir la concurrence du blé et aussi des bestiaux étrangers, qui entrent en France à des prix auxquels elle ne peut produire les siens.

XI

Ne nous payons pas de mots; allons au fond des choses; plaçons-nous toujours au point de vue des intérêts généraux; que l'équité soit notre guide dans l'examen de toutes les questions; qu'aucun droit, qu'aucune prétention légitime ne soient méconnus, et partout cherchons à faire luire la lumière. Par de nombreuses phraséologies, on obscurcit, on embrouille les affaires les plus simples; essayons de les ramener, par la citation de faits incontestables, à ce qu'elles sont réellement. Nous nous attacherons à exposer aussi brièvement que possible les principes de vérité, de justice, qui nous semblent applicables en économie publique ou sociale aussi bien qu'en politique. Quand on a comme point d'appui une base solide, il est facile de résister à des attaques souvent plus vigoureuses en apparence qu'en réalité.

Loin de redouter les objections, la controverse, nous les appelons au combat, mais à un combat loyal, avec des armes ostensibles, et sans mauvais coup. Là où nous découvririons un défaut de sincérité masquant un intérêt particulier, un mauvais vouloir ou un esprit de parti inavoué, nous nous abstiendrions de répondre, n'ayant ni le goût ni la volonté d'entrer dans la voie des personnalités; elle nous mènerait trop loin.

La même marche serait suivie par nous dans le cas où des invectives, des injures grossières seraient adressées, sans autre cause que l'irritation ou à défaut d'arguments, à toute une catégorie de citoyens sans distinction. De semblables écarts, qui se font trop souvent remarquer dans la presse, dans les discours de tribune et dans les relations privées, ne méritent que le dédain. L'injure non motivée ne prouve rien et ne compte pas. Elle ne pourrait appeler qu'une autre injure ou la violence, ce qui ne serait pas digne d'hommes civilisés.

Les questions dites *sociales* sont depuis longtemps l'objet des préoccupations de tous. Les uns s'en effrayent ou affectent de s'en effrayer ; les autres en appellent à grands cris la solution. Parmi ceux-ci, il en est qui espèrent y trouver pour eux-mêmes des avantages importants de bien-être matériel. Ils n'hésitent pas à en provoquer la réalisation dans ce sens même dans les cas où ils savent qu'ils ne pourraient l'obtenir qu'au détriment de plus fortunés qu'eux : c'est le bien d'autrui qu'ils convoitent. Ils sont insensés ou criminels. Nous ne nous occuperons pas d'eux. L'égalité politique existe ; voilà le principe fondamental de toute société régulière et bien constituée. L'égalité sociale serait une absurdité. Mort-née pour ainsi dire, elle ne durerait qu'un instant.

Est-ce une raison pour reculer devant l'examen des questions soulevées ? Nullement. On doit, au contraire, les aborder de front, à l'exception de celles qui s'écartent des règles du bon sens, du possible, de l'honnêteté ou de la justice ; les envisager sous leurs différents aspects, et en faire ressortir, avec toute l'impartialité désirable, le fort et le faible. Les législateurs feront le reste. Leur attention semble devoir être appelée seulement sur la suite dont ces questions, y compris bien entendu les questions économiques proprement dites, sont susceptibles. Indiquer la marche ou plutôt la tendance à suivre, en un mot placer quelques jalons en ligne droite : tel est uniquement notre but. Nous n'avons pas la prétention de leur tracer ce que nous considérons comme leur devoir. Mieux que personne, ils doivent avoir l'intelligence nécessaire pour entrer dans la véritable voie du progrès. En s'y engageant, à la satisfaction de leur propre conscience, ils enlèveront à la malveillance et aux ambitions mal fondées ou surannées, tout motif, tout prétexte pour se produire de nouveau.

Bien souvent déjà, surtout pendant les dernières années qui ont précédé nos funestes luttes avec l'Allemagne et à l'intérieur, les questions économiques, principalement celles relatives au commerce de la France avec l'étranger, ont donné lieu à des controverses animées, à des discussions ardentes, passionnées. Le changement de législation survenu en 1860 avait eu pour effet de les surexciter : du régime de la protection on était entré tout à coup dans la voie de la liberté commerciale, voie qui, depuis, s'est encore élargie. Par suite, certains intérêts inquiétés, se croyant menacés et, en fait, compromis, ont élevé de bruyantes réclamations. D'un autre côté, des opinions préexistantes, enracinées et reposant sur la foi des traités, touchées au vif par ce brusque revirement, se sont efforcées de reprendre l'offensive. Il se pourrait qu'il y eût eu là, tout d'abord, affaire d'amour-propre, aussi bien que d'intérêt public ou privé, pour les adversaires comme pour les défenseurs des mesures nouvelles.

Les uns et les autres avaient cependant la prétention de se placer exclusivement au point de vue des intérêts généraux. Ils se combattaient sur ce terrain avec toutes les armes dont ils croyaient pouvoir disposer : dans la presse, dans nos grandes assemblées publiques, c'était un feu roulant d'assertions contradictoires, de citations de faits dont les causes et les conséquences étaient indiquées de manière à créer de nouveaux désaccords. Souvent, des argumentations différentes étaient appuyées sur les mêmes documents, les mêmes chiffres présentés et groupés selon le but que chacun cherchait à atteindre. Parfois aussi, la réponse à une question s'écartait du sujet, et le déplaçait tellement qu'elle ouvrait à la discussion un champ encore inexploré, dans lequel, à son tour, le parti adverse évitait d'entrer. Chacun voulait avoir le choix du terrain et, pour faire prévaloir son opinion, avait recours aux moyens qui lui convenaient le mieux. Il se montrait inflexible en repoussant ceux qu'on lui opposait.

Nous aimons à nous persuader que dans les deux camps on a toujours agi avec bonne foi (nous exceptons les opinions intéressées). Les convictions étaient réelles, nous ne voulons pas en douter : l'erreur est toujours possible ; en thèse générale, l'intention de tromper ne saurait être admise. Comment se fait-il, dès lors, qu'on ne soit pas arrivé à s'entendre, au moins pour dégager de toute obscurité des faits en quelque sorte mathématiques ? On comprend que les avis diffèrent sur les causes ou les conséquences de faits de cette nature; mais ce qui se comprend moins, c'est le doute qu'on a laissé subsister sur leur réalité même. Les brillants tournois oratoires et les remarquables écrits qui ne cessaient de se succéder à de courts intervalles n'ont pas eu d'effet sensible : beaucoup de personnes ont suivi de près toutes les phases du débat sans avoir pu se rendre un compte exact des résultats, sans être parvenues à se former une opinion rationnelle avec quelque certitude.

La même hésitation existe, dans la plupart des questions de finances, d'impôts, etc. : les bases n'en étant pas bien définies ou établies avec toute la solidité désirable, et les faits étant mal connus, ces questions s'éclaircissent difficilement. C'est presque toujours le point de départ qui n'est pas le même pour tous.

De là, ces fausses appréciations, ces malentendus, ces erreurs grossières qui naissent et se propagent d'une manière si fâcheuse, même dans les classes les plus éclairées de la société. A leur tour, elles engendrent des mesures injustes, nuisibles ou blessantes pour d'autres.

L'ignorance est plus à redouter que le mauvais vouloir. On peut arriver à démasquer et à vaincre celui-ci; l'ignorance crédule fait le mal inscienment, le plus ordinairement avec une assurance extrême qui trompe aisément les esprits vulgaires trop enclins à se méprendre, et le dédain est le seul risque qu'elle encourt.

Les opinions sont encore très divisées sur beaucoup de points.

Malgré une expérience prolongée, les résultats de la mise en pratique d'une quasi-liberté commerciale sont toujours l'objet de vives controverses.

Les budgets des recettes et ceux des dépenses sont d'ailleurs incomplètement connus aussi, ou ne le sont que d'un petit nombre de personnes. A la vérité, la manière dont ils sont établis n'est pas propre à en faciliter l'examen.

Afin de remédier ou d'obvier, dans la limite du possible, aux graves inconvénients qu'un semblable état de choses doit fatalement occasionner, nous avons projeté de constater les faits par des chiffres irrécusables, de disséquer en quelque sorte, pour en extraire le vrai, les principales des questions, si peu éclaircies jusqu'à présent. Nous voudrions les faire bien comprendre, même aux moins érudits, les vulgariser en les dépouillant de tout accessoire inutile.

Ne perdons pas de vue que toutes s'enchaînent; elles ont une corrélation intime, on ne saurait en douter, et, selon la solution qu'elles reçoivent, elles agissent ou réagissent les unes sur les autres; de là, l'extrême difficulté qu'on éprouve à les traiter séparément. Aussi voit-on un grand nombre de mesures gouvernementales, de lois même, élaborées avec soin par les hommes les plus compétents, reconnues, lors de l'application, défectueuses, prêter à la critique et donner lieu à de nombreux procès entre les particuliers ou avec les administrations publiques. Faute de les avoir coordonnées avec d'autres restées en vigueur, on n'en a pas prévu tous les effets, toutes les interprétations : telle est, en grande partie, la cause de l'instabilité regrettable de notre législation en matière commerciale, industrielle et financière.

XII

Si nous ne nous trompons, la base de tout système social ou économique bien entendu, c'est l'impôt. D'après la manière dont les différentes contributions publiques et aussi les droits de douane sont établis, les faits se révèlent dans un sens avantageux ou préjudiciable au plus grand nombre, par conséquent profitable ou non au pays, c'est-à-dire à la collectivité des citoyens qui le composent. Les dispositions adoptées sont donc justes, équitables, ou bien elles froissent les règles de la droiture, de la raison, en un mot, d'une bonne répartition des charges publiques.

En résumé, les principes fondamentaux semblent pouvoir être établis ainsi : *En politique,* égalité absolue : la loi faite par tous et applicable à tous, la seule exception atteignant, dans le premier cas, les indignes et les incapables; *en économie sociale*, égalité des devoirs proportionnellement aux ressources et aux dépenses de chacun.

Afin d'introduire autant de clarté que possible dans notre travail, qui, sous ce rapport, quoi que nous fassions, laissera beaucoup à désirer, nous le diviserons en plusieurs parties que nous abrégerons autant que nous le pourrons : 1° *Assiette de l'impôt ;* 2° *Recettes et dépenses de l'État ;* 3° *Des transactions internationales et des traités de commerce ;* 4° *De la prospérité publique et du bien-être des populations.*

ASSIETTE DE L'IMPÔT

C'est peut-être sur ce point que la division la plus grande règne dans les esprits. En principe, ou plutôt en théorie, l'équité paraît avoir été, à différentes époques, admise à peu près généralement pour établir l'assiette de l'impôt : depuis la loi du 3-14 septembre 1791, presque toutes les lois, chartes ou constitutions ont décidé que les contributions et autres charges publiques, de quelque nature qu'elles fussent, seraient supportées *proportionnellement* par la généralité des citoyens en raison de leurs biens et facultés. Depuis, dans un ouvrage qui a été couronné en Suisse, l'auteur a dit : « L'impôt est la quote-part à payer par chaque citoyen pour la dépense des services publics. » Il faut ajouter : et de la dette publique, toutes les charges de l'État étant à supporter proportionnellement par la généralité des citoyens.

En fait, il n'en est pas toujours ainsi, ou bien, tout en étant proportionnel, l'impôt est établi de telle sorte que ce sont les classes nécessiteuses ou peu fortunées qui en souffrent le plus.

Avant tout, faisons justice d'une hérésie qui s'est introduite et enracinée, on ne sait comment, dans une partie de la classe laborieuse, si remplie habituellement de bon sens pratique et où la rectitude du jugement se fait souvent remarquer. Il y est demandé, depuis longtemps, que l'impôt soit *unique*, établi sur le *revenu* et *progressif*.

L'impôt peut-il être effectivement *unique* et basé sur le *revenu?* L'examen de cette question ne laissera, nous en avons la conviction, aucun doute au sujet de la solution qu'elle doit recevoir.

Impôt progressif. — Quant à le rendre *progressif*, nous n'hésitons pas à nous prononcer immédiatement pour la négative. Que l'impôt soit généralement (sauf un très petit nombre d'exceptions) *proportionnel*, rien de mieux : chacun paye en raison de ce qu'il possède ou de ce qu'il consomme. La progressivité, au contraire, serait inique si elle devait atteindre le contribuable, non plus dans cette mesure, mais avec une augmentation fixée arbitrairement selon l'élévation du chiffre de son avoir.

Les partisans de l'impôt progressif voudraient faire supporter les charges les plus fortes à ceux qui jouissent des fortunes ou des moyens d'existence les plus considérables, et exonérer autant que possible ceux qui n'ont rien ou à peu près. Cette intention est louable, mais ils semblent n'avoir pas aperçu que la proportionnalité réelle, avec quelques dégrèvements, atteindrait suffisamment le but qu'ils ont en vue, et sans froisser aucun intérêt légitime. Ignorent-ils donc qu'il y aurait de très graves inconvénients à arrêter par des fixations faites en dehors du droit commun, injustes par conséquent, et sans limites, l'essor que chacun peut vouloir chercher à donner à sa fortune.

Une semblable disposition serait suivie d'effets tout opposés à ceux que, bien à tort, on en attendrait : en amoindrissant sinon en détruisant l'émulation, les stimulants individuels et l'esprit d'entreprise, elle entraverait fatalement les *affaires ;* les intérêts généraux en souffriraient autant que les intérêts particuliers; chacun chercherait à s'y soustraire, et, en définitive, le Trésor public éprouverait des pertes au lieu de faire des bénéfices.

Nous allons au-devant d'une objection qui ne manquera pas d'être faite. La progressivité, dira-t-on, existe déjà dans la législation actuelle : la quotité des contributions à la charge des locataires d'appartements ou de maisons, à Paris, varie selon le chiffre plus ou moins élevé des loyers. Elle est de :

6.50 o/o	sur les loyers inférieurs		à 600 fr.
7.50 —	sur les loyers de....	6	à 700 »
8.50 —	— de....	7	à 800 »
9.50 —	— de....	8	à 900 »
10.50 —	— de....		900 »

et au-dessus.

Les loyers qui n'atteignent pas 400 francs, sauf quelques exceptions déterminées, sont affranchis de toute cotisation.

Le fait est exact, mais il ne prouve rien. D'abord, nous ne sommes pas plus partisan de cette progressivité que de toute autre ; ensuite elle n'a pas l'importance qu'elle semble comporter : le taux du loyer soumis à la taxe n'est pas, et à beaucoup près, celui payé réellement par le locataire : par un fâcheux abus, d'un usage général, le chiffre en est abaissé d'un cinquième et la taxe n'est perçue que sur le restant.

Les effets de cette prétendue progressivité sont donc sensiblement atténués.

Non seulement, nous l'avons déjà dit, la proportionnalité elle-même n'existe pas encore partout dans notre système d'impôts, mais, à certains égards, la progressivité s'y fait remarquer à contresens.

A l'appui de cette assertion, vient l'exemple connu de tout le monde, celui des vins : les plus mauvais sont assujettis aux mêmes droits que les meilleurs; comme, d'un autre côté, les classes laborieuses ont besoin, pour réparer ou entretenir leurs forces, d'en consommer de plus grandes quantités que les autres, elles supportent en réalité un impôt progressif.

En bonne justice, les vins devraient être taxés d'après leur valeur relative.

Nous nous déclarons pour le principe de la proportionnalité en tout et partout, sauf les exceptions, indispensables, humainement, à admettre en faveur des moins fortunés.

Impôt unique. — Au premier aperçu, s'il était possible de n'avoir qu'un seul impôt, nul système assurément ne vaudrait celui-là. Simplification et facilité de perception; suppression de nombreux rouages administratifs; diminution considérable de frais et augmentation des forces productives du pays : tels sont les principaux avantages qui résulteraient de ce système. Mais pourrait-il être appliqué ? C'est plus que douteux. Dans l'hypothèse, l'impôt unique devrait produire toutes les sommes nécessaires non seulement à l'État, mais encore aux départements, villes et communes, pour couvrir leurs dépenses.

On sait que celles-ci proviennent en notable

partie des octrois qui seraient alors supprimés, de même que toutes les autres contributions.

Or, le budget des recettes de l'État, qui, avant la guerre de 1870-1871, était déjà très élevé, atteint actuellement un chiffre qui n'est pas de beaucoup inférieur à 3,500 millions de francs. Cette funeste guerre a eu pour conséquence un accroissement énorme de la dette publique, auquel ont contribué les dépenses dites extraordinaires, faites principalement pour de grands travaux publics et pour la défense du pays.

Le produit des octrois ne peut guère être évalué à moins de 260 à 265 millions, et celui des centimes additionnels perçus, sur les quatre contributions directes, au profit des départements, des villes et des communes, ajouté à quelques ressources spéciales, ne doit pas être inférieur à 500 millions.

Quel est l'impôt qui pourrait fournir tous les ans de pareilles sommes, sans peser trop lourdement du même coup sur les contribuables? Ils en seraient écrasés.

Impôt sur le revenu. — L'impôt sur le revenu serait, sans aucun doute, le plus équitable, en ce sens que mieux que tout autre il pourrait être mis en rapport proportionnel exact avec la fortune ou les ressources de chacun. Sauf un petit nombre d'exceptions, tous devraient le payer : propriétaires, industriels, commerçants, rentiers et ceux qui possèdent des actions, obligations ou autres titres, au porteur ou nominatifs, en un mot, ce qu'on est convenu d'appeler des *valeurs de portefeuille*.

Les militaires, les fonctionnaires et autres agents du gouvernement, en activité de service ou en retraite, et les ouvriers payés à la journée sembleraient devoir en être, seuls, affranchis : les premiers parce qu'on ne saurait, sans prêter en quelque sorte au ridicule, leur retirer, au nom de l'État, partie de ce qui leur est dû ou de ce qu'il juge convenable de leur accorder eu égard à leur position ou à leurs besoins ; les simples ouvriers, par le motif que leur salaire est essentiellement variable, et que, pour en déterminer, même approximativement, le chiffre annuel, il faudrait opérer des recherches minutieuses, gênantes souvent, se livrer à des calculs multipliés, d'une exactitude presque toujours problématique, susciter enfin de fâcheux mécontentements.

Au surplus, les traitements des militaires ou agents du gouvernement et les salaires des ouvriers devraient nécessairement être établis à un taux plus ou moins élevé selon qu'ils seraient ou non soumis à l'impôt, et la mesure, quelle qu'elle fût, n'influerait pas beaucoup, en définitive, sur la position respective des uns et des autres à l'égard des différentes classes de la société.

Mais en admettant que les propriétaires, les industriels, les commerçants et les rentiers, aussi bien que les personnes qui jouissent d'une fortune de portefeuille, dussent être astreints à payer l'impôt sur le revenu, comment procéderait-on à leur égard?

Nulle difficulté en ce qui concerne les propriétaires : on sait quelle est l'importance de leurs immeubles, sur lesquels porte l'impôt foncier, lequel, soit dit en passant, devrait alors être réduit. Ce que possèdent les rentiers est aussi connu, et ils pourraient être pareillement assujettis à l'impôt sur le revenu, si la loi fondamentale qui affranchit de toute contribution les rentes dues par l'État était abrogée.

Mais un contrat synallagmatique ne peut évidemment pas être annulé par la seule volonté d'une des parties. Or, d'après la loi du 29 vendémiaire an VI, la dette publique, qui était alors ce qu'on a appelé le *tiers consolidé,* était déclarée exempte de toute retenue.

Cette disposition n'a pas cessé d'être invoquée ou sous-entendue lors de la mise en adjudication ou de l'émission conditionnelle des emprunts publics. Il y a toujours un engagement, tacite au moins, en pareil cas, de la part de l'État emprunteur à l'égard des prêteurs.

Lors même que les nationaux se soumettraient à une modification imposée de ce contrat synallagmatique, les étrangers possesseurs de rentes françaises pourraient-ils être assujettis à l'impôt sans que leurs gouvernements élevassent de vives réclamations? Les États qui ne remplissent pas leurs engagements ne s'exposent-il pas à perdre une partie de leur puissance en perdant de leur force morale ?

Néanmoins, quoique l'impossibilité d'imposer les rentes actuelles ne semble pas contestable, comme le remboursement de celles qui atteignent le pair peut toujours être effectué, la difficulté disparaîtrait dans un temps donné ; car les rentes créées par suite d'emprunts nouveaux subiraient cette condition, dont le cahier des charges ferait mention.

Pour atteindre les industriels et commerçants, dont le nombre dans chaque genre est extrêmement considérable, on devrait, ou s'en rapporter à leurs déclarations sans autre contrôle que la notoriété, ou entrer dans l'examen des affaires de chacun d'eux.

Une remarque est à faire ici : dans les pays où l'impôt sur le revenu a déjà fonctionné de la première manière, les déclarations des contribuables de ces deux catégories n'ont pas été empreintes d'autant d'inexactitude qu'on aurait pu le supposer. Parfois même, dans un but facile à apercevoir, elles ont offert des exagérations plutôt que des atténuations.

La question est de savoir si, en France, on pourrait s'en rapporter toujours aux déclarations des intéressés, sans réserver aux agents du gouvernement le droit de les contrôler dans des conditions déterminées. Nous ne le pensons pas. Mais cette question et d'autres feraient nécessairement l'objet d'une étude préalable approfondie.

Elles pourraient sans doute être résolues sans de trop grands inconvénients pour personne. Dans les cas d'inexactitude présumée des déclarations, il suffirait presque toujours, probablement, de se faire représenter les registres tenus obligatoirement par chaque commerçant ou industriel, et qui d'ordinaire sont arrêtés à des époques périodiques : l'excédent de l'actif sur le passif, c'est-à-dire le bénéfice *net*, serait taxé.

Quel que doive être le mode d'application, la mesure en soi, on ne saurait le méconnaître, serait juste et convenable. En effet, pour quel motif le propriétaire d'un champ, d'une maison, d'un immeuble quelconque supporterait-il (directement ou indirectement) des charges dont continueraient d'être affranchis le banquier, l'industriel, le négociant et le marchand, qui tirent de leur travail, de leurs capitaux, de leur crédit un produit relativement beaucoup plus élevé que le sien? Leur revenu consiste en gains souvent très considérables et qui, employés successivement dans leur commerce, arrivent à former de grandes fortunes. Personne n'ignore que le développement progressif des *affaires* est avantageux à ceux qui y prennent part, surtout depuis que le numéraire en circulation est devenu si abondant : il fait pencher en leur faveur la balance entre l'offre et la demande.

Existerait-il quelque raison plausible pour exempter les industriels et les commerçants de l'impôt projeté sur le revenu ? Serait-il à craindre, par exemple, de voir augmenter les prix de revient et de vente? Des dispositions législatives nouvelles, ajoutées à celles déjà indiquées, obvieraient à cet inconvénient. En rendant la vie moins onéreuse aux classes laborieuses, elles amèneraient virtuellement une diminution de salaire, dont celles-ci n'auraient en définitive pas à souffrir, et qui constituerait une véritable compensation pour les autres.

En ce qui concerne les fortunes de portefeuille, la question est jugée : la loi du 29 juin 1872, qui a créé une taxe de 3 o/o sur le revenu des valeurs mobilières, laquelle en atteint beaucoup, reçoit depuis treize ans son application. Rien ne s'opposerait à ce qu'elle fût étendue à d'autres ressources particulières encore.

En agissant ainsi et autant que possible d'une manière générale, on obtiendrait de l'impôt sur le revenu, ou plutôt sur les revenus, une somme annuelle suffisante pour compenser et au delà les dégrèvements à opérer sur d'autres points.

Cette extension de l'impôt actuel offrirait certainement de sérieux avantages. Mais l'importance des frais de perception, qui, dans certains cas, pourrait en résulter, s'opposerait à ce qu'elle fût adoptée s'il ne devait pas en être tiré un produit considérable.

Et cependant la quotité de cet impôt ne devrait pas non plus être trop élevée; car, lors même que les ouvriers, comme les militaires, employés, etc., en seraient affranchis, ceux des étrangers qui n'auraient pas à le supporter afflueraient en France, où, profitant des mêmes avantages que les nationaux, ils se trouveraient dans de meilleures conditions que la plupart d'entre eux.

Le séjour des étrangers, des étrangers riches surtout, dans un pays est sans aucun doute avantageux : par les dépenses qu'ils y font, ils activent le commerce; les produits mis en vente étant plus demandés acquièrent une plus grande valeur marchande; les travaux sont surexcités ; les salaires s'élèvent; la consommation se développe, et, par une multitude de canaux divers, les caisses de l'État reçoivent une partie de l'argent dépensé par eux.

Mais ces résultats ne seraient, en fait, obtenus que si un rapport convenable existait entre le chiffre de l'impôt sur les revenus et celui des impôts de consommation.

Ceux-ci n'atteignent pas seulement, comme le fait l'impôt foncier et comme le ferait l'impôt sur les revenus, nos concitoyens et les étrangers qui sont propriétaires ou jouissent de biens quelconques en France; tous les consommateurs y sont nécessairement soumis.

Les objets de première nécessité alimentaire de production nationale, seuls, sembleraient devoir être dégrevés en tout ou en très grande partie, les uns directement, les autres par l'allègement des charges de l'agriculture, par la suppression des droits d'octroi, le remaniement du chiffre des patentes, etc.

Ce serait une erreur de croire que chacun a toujours la faculté de payer peu en consommant peu. Il y des choses dont personne ne saurait se priver, que le pauvre consomme comme le riche, plus même que le riche, et qui, pour ce motif, ne devraient être assujetties qu'à des droits insignifiants si elles n'en étaient pas affranchies complètement.

L'élévation des salaires, nous le disons ici sans crainte de nous tromper, quoique nous combattions une opinion très répandue, n'est pas, dans tous les cas, profitable aux ouvriers eux-mêmes : elle a pour effet d'augmenter, et sensiblement quelquefois, le prix de la plupart des fabrications; les consommateurs, dont ils font partie, en souffrent; les conditions de concurrence avec l'étranger deviennent plus difficiles, et, par suite, il peut y avoir diminution de travail national.

Elle ne s'imposerait plus au même degré si, par les moyens proposés ou d'autres analogues, on parvenait à amener un meilleur marché de ce qui est indispensable à la vie.

C'est à tort néanmoins, selon nous, que des publicistes distingués, des orateurs éminents ont invoqué l'intérêt des classes laborieuses, pour demander la suppression de la généralité des impôts de consommation. Cette suppression, qui dépasserait le but, tournerait vraisemblablement contre elles en appelant à leur faire concurrence, dans leur propre pays, des ouvriers étrangers, surtout si, en définitive, le taux des salaires ne s'abaissait pas. Elle aurait, en outre, le grand inconvénient d'amoindrir les avantages que doivent procurer les étrangers riches ou aisés qui viennent y séjourner.

Dans le but très louable de diminuer les frais de main-d'œuvre, but qui, dans ce cas même, ne serait pas toujours atteint, il ne faudrait pas avoir recours à des mesures susceptibles d'être préjudiciables éventuellement à nos concitoyens : ce serait du *libéralisme*, mais non du *patriotisme*.

Nous ne sommes donc partisan ni d'un impôt *unique*, quel qu'il fût, ni d'un impôt sur les *revenus* dont la quotité fût trop ou pas assez élevée.

Ce qui conviendrait le mieux, à notre avis, ce serait de compléter la loi de 1872 de telle sorte que, à l'exception des traitements et retraites des militaires et des fonctionnaires ou employés, ainsi que des salaires des ouvriers, tous les revenus particuliers : rentes, loyers ou fermages, dividendes ou pour-centièmes, gains ou bénéfices quelconques dans les compagnies ou entreprises financières, industrielles, commerciales, maritimes ou autres, fussent assujettis, au profit de l'État, à un prélèvement proportionnel, comme le sont déjà quelques-uns de ces revenus.

Ce prélèvement devrait être calculé de manière à donner une somme à peu près égale à celle fournie, l'année précédente, par la généralité des *impôts de consommation* et de quelques autres d'une importance secondaire.

Ceux de ces derniers qui sont onéreux aux pauvres ou gênants pour nos industries seraient supprimés immédiatement, ou du moins aussitôt que les besoins amoindris du Trésor le permettraient.

Le taux du prélèvement en question pourrait être, ultérieurement, ou augmenté s'il y avait nécessité, ou abaissé quand on serait parvenu à rendre réellement proportionnels tous les impôts de consommation.

La conséquence des combinaisons proposées serait d'établir un juste équilibre dans la répartition des charges publiques entre les différentes catégories de citoyens, eu égard à leurs ressources ou à leurs dépenses.

C'est après avoir mûrement pesé, d'une part les avantages, de l'autre les inconvénients des mesures auxquelles nous venons de faire allusion, qu'à notre avis il convient surtout et malgré tout, de rendre facultativement la vie aussi facile que possible à tous.

La question des ouvriers étrangers, si elle s'aggravait, pourrait, à défaut de dispositions législatives spéciales, être à peu près résolue ou du moins atténuée en n'admettant que des nationaux dans les sociétés coopératives et dans celles en association ou en participation. C'est affaire de patriotisme pour nos concitoyens qui, à cet égard, ont pleine liberté d'action. Dans tous les cas, le gouvernement devrait veiller à ce que l'exécution des travaux à effectuer pour son compte ne fût confiée qu'à des ouvriers français, et, si faire se pouvait, qu'on ne fît alors usage que de produits du pays.

De sérieux inconvénients résultent de l'emploi en grand nombre des ouvriers étrangers; d'abord, c'est au détriment des nôtres à qui ils enlèvent un travail nécessaire; ensuite, parce qu'ils communiquent au dehors des secrets de fabrication qui ne devraient pas être divulgués, et qu'en temps de guerre leur départ peut nuire aux fabriques qu'ils desservaient. Nous ne parlons pas des autres et plus graves *indiscrétions* qu'ils commettent dans ce dernier cas.

Les principaux impôts actuels se composent des quatre contributions : *foncière*, *personnelle et mobilière*, *des portes et fenêtres* et *des patentes*, appelées *contributions directes;* puis des droits *d'enregistrement*, *de greffe*, *d'hypothèques*, *de timbre*, etc.; enfin *des droits de douane* et *des contributions indirectes*, y compris la vente des poudres et des tabacs.

Contributions directes. — Indépendamment du revenu que l'État tire des quatre contributions directes, il est perçu, comme on le sait, au profit des départements, des villes et des communes, un certain nombre de centimes additionnels dans la limite d'un *maximum* déterminé par plusieurs lois, entre autres par la loi annuelle de finances. Les sommes qui en proviennent, ainsi que d'autres revenus encore, sont affectées soit aux dépenses d'utilité départementale et communale, y compris une partie de celles de l'instruction publique, soit à des dépenses locales diverses, telles que frais de construction ou d'entretien d'écoles, de bourses, de chambres de commerce, de chemins vicinaux de petite communication, etc., soit aux frais de perception des impositions communales et autres, soit enfin à des dépenses extraordinaires.

Une distinction a, depuis longtemps, été établie en matière de contributions directes : les unes sont désignées sous le nom d'impôts de répartition; les autres sont des impôts de quotité. La contribution foncière et la contribution personnelle et mobilière sont des impôts de répartition. La contribution des portes et fenêtres est aussi devenue, depuis 1833, impôt de répartition comme elle l'avait été déjà, lors de sa création, en 1802. Dans l'intervalle, elle avait été classée comme impôt de quotité. La contribution des patentes seule, aujourd'hui, est un impôt de quotité.

Le montant de l'impôt de répartition est arrêté,

chaque année, par les pouvoirs législatifs et divisé entre les départements. Il est ensuite appliqué, de degrés en degrés, aux arrondissements, aux communes et aux particuliers, par les soins des conseils généraux, des conseils d'arrondissement et, finalement, des répartiteurs.

L'impôt de quotité est celui qui atteint, au contraire, chaque contribuable dans une proportion déterminée à l'avance.

Dans le premier cas, le produit est assuré, et la contribution individuelle tout d'abord inconnue : elle résulte de la quotité de l'imposition générale. Dans le second cas, la proportion partielle est fixe et le produit éventuel : c'est la réunion des cotes des contribuables qui compose le chiffre total de l'imposition.

Impôt foncier. — Les maisons bâtiments, usines, manufactures, en un mot, toute propriété bâtie supporte l'impôt foncier sur la base de sa valeur locative, déduction faite de l'estimation de la superficie qui est classée dans la catégorie des meilleures terres labourables de la commune. C'est, de même que pour les terres cultivables, le produit *net* que la loi a voulu atteindre.

A l'égard de celles-ci, les frais de culture, de semence, de récolte et d'entretien sont défalqués du produit brut.

Les bâtiments servant aux exploitations rurales, tels que granges, écuries, caves, celliers, pressoirs et autres, destinés, soit à loger les bestiaux des fermes et métairies, soit à serrer des récoltes, ne sont, ainsi que les cours desdites fermes et métairies, soumis à la contribution foncière que sur le pied du terrain qu'ils enlèvent à la culture, lequel est aussi classé comme le sont les meilleures terres labourables.

Contribution personnelle et mobilière. — La contribution *personnelle* a été réunie à la contribution *mobilière* en 1832. Elles sont réparties, dans chaque département, d'après le nombre des contribuables passibles de la taxe personnelle et selon la valeur locative de l'habitation pour chacun d'eux.

La contribution personnelle se compose de la valeur de trois journées de travail. Le prix moyen de la journée est déterminé, pour chaque commune, par le conseil général. Dans l'origine, il ne pouvait pas être fixé au-dessous de 50 centimes ni au-dessus de 1 fr. 50 c. Le chiffre en est actuellement très variable.

Contribution des portes et fenêtres. — Cette contribution atteint les portes et fenêtres donnant sur les rues ou places publiques, sur les cours et jardins des maisons ou bâtiments et usines. Celles qui servent à éclairer ou aérer les manufactures, granges, bergeries, étables, greniers, caves et autres locaux non destinés à l'habitation personnelle, en sont affranchies.

Patentes. — Tout individu français ou étranger qui exerce en France un commerce, une industrie, une profession quelconque non compris dans les exceptions déterminées par la loi, doit être assujetti à la contribution des patentes. Elle se compose d'un droit fixe, et d'un droit proportionnel qui porte sur la valeur locative tant de la maison ou de l'appartement d'habitation, que des magasins, boutiques, usines, ateliers, hangars, remises, chantiers et autres locaux servant à l'exercice des professions imposables.

Telles sont les principales dispositions législatives ou réglementaires en matière de contributions *directes*.

L'esprit qui les a inspirées était empreint de sentiments de justice distributive; c'était une des exigences de l'époque où la plupart ont été adoptées : tout tendait alors à favoriser plutôt qu'à surcharger les moins fortunés. La proportionnalité de l'impôt était presque toujours admise et des dégrèvements leur étaient accordés.

Toutefois, la législation, telle qu'elle existe encore aujourd'hui, n'est pas, selon nous, sur tous les points satisfaisante. Nous voudrions la voir plus avantageuse aux classes déshéritées de la fortune, sans que rien cependant vînt froisser les règles de l'équité la plus parfaite. Pour cela, la base d'un assez grand nombre d'impôts devrait être modifiée, ou changée radicalement.

Cette législation s'écarte d'ailleurs à quelques égards du but vers lequel nous tendons, celui de diminuer la valeur vénale des objets de première nécessité.

Enregistrement, timbre et domaines. — Les droits d'enregistrement s'appliquent dans une multitude de circonstances : ventes ou achats de meubles et de propriétés immobilières; mutations par suite d'héritages et de donations entre vifs ou testamentaires; actes ou contrats de toute sorte.

Ils sont, ainsi que les droits de greffe, d'hypothèques, de timbre et autres, l'objet d'une législation spéciale, et ils constituent un des meilleurs revenus de l'État.

Droits de douane. — Une législation spéciale existe aussi en ce qui concerne les droits de douane qui, à titre de protection pour notre commerce et notre industrie, plutôt que dans un intérêt fiscal, frappent les marchandises exotiques à leur entrée en France.

Contributions indirectes. — Il en est de même à l'égard des contributions indirectes proprement dites, dont la plupart sont de véritables impôts de consommation,

Avant d'entrer dans l'examen des modifications dont plusieurs de ces impôts peuvent être susceptibles, nous ne croyons pas inutile de jeter un coup d'œil sur les revenus des départements, des villes ou communes. On sait qu'ils proviennent en très majeure partie des octrois et des centimes ajoutés aux quatre contributions directes.

Octrois. — Les droits d'octroi diffèrent, quant à la quotité, selon les localités dans lesquelles entrent les objets sur lesquels ils portent.

En général, ce sont les boissons, les denrées, les fourrages, le combustible, les matières premières destinées à l'industrie, les matériaux notamment, et les éléments de l'éclairage qui y sont assujettis.

Ils portent sur les quantités : poids, nombre, mesures de capacité, etc.

Ce sont les classes le moins favorisées de la fortune qui en souffrent le plus. Aux explications déjà données à ce sujet, en ce qui concerne les vins, il convient d'ajouter que les personnes riches ou jouissant d'une certaine aisànce n'habitent les villes que pendant une partie de l'année : elles passent souvent tout l'été et parfois plus, ou à la campagne, ou en voyage, à l'étranger, aux eaux ou aux bains de mer, en un mot dans des lieux où il n'y a pas d'octroi. Les taxes de cette nature ne les atteignent donc que dans une proportion beaucoup moindre que ceux qui par nécessité séjournent constamment dans les villes.

C'est probablement pour remédier à une inégalité semblable de traitement au point de vue de l'impôt, aussi bien que pour faciliter le placement des produits de l'agriculture, que déjà, dans plusieurs pays étrangers, la suppression des octrois a été prononcée.

Pourquoi ne le serait-elle pas aussi en France?

On objectera que les villes ont besoin de revenus d'une certaine importance pour les travaux d'assainissement, d'entretien, d'éclairage, de police, d'embellissement, de luxe même ; que, privées de la ressource des octrois, elles seraient hors d'état d'y subvenir ; que les étrangers qui viennent y chercher des distractions de toute sorte, s'abstiendraient de les fréquenter s'ils n'y trouvaient plus les mêmes charmes, et que le pays en éprouverait un grand préjudice. Aussi n'est-il pas douteux que, dans l'hypothèse prévue, le produit des octrois devrait être remplacé, pour ces villes, par des recettes équivalentes d'une autre nature ou par des allocations sur les budgets de l'État.

La tendance presque générale est de leur laisser une véritable autonomie, ou d'étendre leur liberté d'action en matière d'administration locale. Il ne saurait, dès lors, être question de substituer la direction du gouvernement à la leur en ce qui concerne les dépenses dont l'appréciation leur appartient mieux qu'à personne. Son intervention semble devoir se borner au contrôle de ces dépenses.

Or, s'il n'était pas appelé désormais à leur fournir, dans la limite de ce qui est juste et convenable, les fonds qui leur sont nécessaires, il faudrait les mettre à même de se les procurer d'une autre manière.

En définitive, nous désirerions qu'on pût

adopter les dispositions suivantes, sauf à ne les appliquer qu'au moment opportun :

1° Établissement d'un impôt général sur *les revenus*.

2° Suppression des droits *d'octroi*, laquelle entraînerait l'économie importante de frais de surveillance et de perception.

Le personnel actuel des *octrois* serait réparti dans d'autres services publics, sans désavantage pour personne. Il pourrait êtreutilisé, notamment, dans les localités mêmes où il existe, en concourant à assurer le recouvrement de l'impôt sur les revenus.

3° Maintien, après modification, de trois des quatre contributions *directes ;*

4° Suppression de l'impôt des *portes et fenêtres*, qui porte atteinte aux droits de l'humanité.

On a peine à comprendre qu'à l'époque où nous vivons, l'air, la lumière et le soleil se payent, de telle sorte que la jouissance de ces biens naturels, indispensables à l'existence, soit retirée à ceux qui ne peuvent mettre un prix suffisamment élevé à leur habitation. Or, il en est ainsi dans beaucoup de petits pays.

5° Supprimer partout la *contribution personnelle*, qui est en opposition avec le principe de la répartition proportionnelle des charges publiques. La contribution mobilière serait désormais seule dénommée.

Les indigents et les faibles loyers continueront d'en être affranchis.

Cette contribution, à laquelle les étrangers riches ou aisés seront toujours soumis dans les mêmes conditions que les nationaux, devra, à l'avenir, sans exception, porter sur le montant réel des valeurs locatives et non plus sur des chiffres abaissés arbitrairement. Elle sera ramenée, dans tous les cas, à une juste proportionnalité.

La suppression des octrois, de l'impôt des portes et fenêtres et d'une partie de l'impôt foncier dont il va être question, en nécessitera, au profit des communes à indemniser, une forte augmentation qui ne préjudiciera, dès lors, aux intérêts de personne.

Une remarque est à faire ici : la contribution *mobilière* n'est pas répartie par départements avec toute la justice désirable. La subdivision qui en est ensuite opérée, dans chacun d'eux, entre les arrondissements, les communes et les particuliers, présente de fâcheuses anomalies, comparativement aux autres localités de la France : pour le même chiffre de loyer, des différences considérables se font remarquer dans le taux de cette contribution ; il est, par exemple, sur un point, inférieur ou supérieur de 20, 30 ou 40 o/o, et quelquefois plus, à celui appliqué ailleurs.

De semblables différences, qui tiennent aussi à ce que, dans les villes importantes, la taxe mobilière est allégée par l'emploi de partie du produit des octrois, ne devront plus exister.

6° Affranchir de toute *contribution foncière* les prés, pâturages où prairies artificielles et les terres affectées à la culture des farineux alimentaires, tels que froment, épeautre et méteil, seigle, orge, sarrazin, maïs, pommes de terre, etc. Les cultures de légumes de toute sorte et des divers produits destinés à la nourriture des animaux domestiques profiteront du même avantage; mais les jardins potagers à l'usage des particuliers continueront d'être taxés.

S'il n'est pas proposé d'accorder pareillement une atténuation, sinon un affranchissement complet, aux terrains plantés en vignes, en pommiers ou sur lesquels on récolte du houblon, c'est que les boissons qui doivent en provenir seront, dans l'hypothèse où nous allons nous placer, soumises à un régime nouveau qui aura pour effet d'en propager la consommation et d'être ainsi profitable aux producteurs.

Dégrèvement partiel du même impôt foncier pour les propriétés bâties, afin de compenser, en faveur des propriétaires, la surcharge que l'impôt sur les revenus leur occasionnera, déduction faite des sommes dont ils seront exonérés par la suppression de celui des portes et fenêtres.

L'exemption dont ils jouissent pour les bâtiments servant aux exploitations rurales (granges, étables, caves, celliers, pressoirs, etc.) sera, dans tous les cas, maintenue et même étendue aux moulins : les uns et les autres ne seront soumis à la contribution foncière que sur le pied du terrain qu'ils enlèvent à la culture.

7° Graduer partout la quotité du droit fixe des patentes en raison de l'espèce et de l'importance des commerces auxquels il continuera d'être appliqué. On ne soumettra, par exemple, qu'à une taxe très minime, même dans les grands centres de population, la vente en détail des objets d'alimentation de première nécessité, entre autres le pain, la farine, la viande de qualité inférieure, le cidre, la bière, les vins communs, etc. Une marche ascendante dans l'échelle des taxations devra, au contraire, être adoptée selon le degré de richesse des industries ou des trafics en usage.

La question s'élève de savoir si les magasins considérables, immenses, qui, à Paris et dans d'autres grandes villes, centralisent la vente de toutes sortes de choses, ne devraient pas être assujettis, quant au droit fixe, à un nombre de patentes égal à celui des différentes natures de commerce qui y sont exercés. Ils font beaucoup de tort aux *spécialités*, qui se trouvent dans l'impossibilité de lutter avec eux. C'est assez, semble-t-il, de l'avantage que leur procure la diminution relative des frais généraux : loyer, administration, personnel, etc., sans y ajouter encore le bénéfice d'une patente unique, quelque élevée qu'elle puisse être.

Au surplus, chacun aura toujours la faculté de payer une partie plus ou moins considérable des impôts ou contributions qui viennent d'être spécifiés, en consacrant une somme plus ou moins forte au loyer de son habitation, en se livrant à un commerce plutôt qu'à un autre, ou en consommant de plus ou moins grandes quantités des objets sur lesquels ils portent. Le libre arbitre individuel est à cet égard pleinement affirmé, tandis que sous l'empire de la législation actuelle, tout le monde, le pauvre plus encore que le riche, est obligé de subir les conditions onéreuses des octrois.

8° Maintien des droits d'enregistrement, d'hypothèques, de timbre, etc., mais avec quelques modifications ayant pour but d'y introduire autant que possible la proportionnalité et d'alléger ceux dont les classes pauvres ont, éventuellement, le plus à souffrir.

Déjà, des atténuations leur ont été accordées, et il a été établi, pour les traites, obligations et autres engagements, des timbres gradués selon l'importance des sommes auxquelles ils se rapportent. Mais cela ne suffit pas.

D'abord, les droits de mutation ne devraient plus porter que sur le montant *net* des successions. Ensuite, afin de faciliter les transactions, au lieu de les entraver comme le fait actuellement l'élévation de plusieurs de ces droits, le chiffre semblerait devoir en être abaissé, principalement en ce qui concerne les ventes mobilières y compris, bien entendu, les objets d'alimentation, les matériaux de construction et autres destinés à l'industrie.

Il y aurait aussi, d'après nous, justice à réduire ceux applicables aux héritages *en ligne directe,* au moins jusqu'à la quatrième génération.

Par contre, les héritiers collatéraux pourraient être astreints à supporter une notable aggravation des charges fiscales. Peut-être même la suppression de tout droit à héritage, *en ligne collatérale,* au delà du cinquième ou du sixième degré, devrait-elle être prononcée. Par suite de cette extension de la déshérence, l'État profiterait des biens non légués par testament.

Quant aux donations entre vifs ou testamentaires, lorsqu'elles seront faites en faveur d'étrangers à la famille ou de parents du donateur non appelés par la loi à hériter de lui, elles seraient assujetties à des taxes beaucoup plus élevées que celles existantes, taxes qui pourraient atteindre jusqu'à 50 o/o de la valeur du legs ou du don.

Cette mesure et celle relative à la déshérence présenteraient un côté moral qu'il est facile d'apercevoir, tout en produisant, pour le Trésor public, des sommes importantes qui compenseraient largement, et bien au delà, la diminution de recette provenant des droits de mutation sur d'autres points.

9° Maintien aussi, avec ou sans augmentation, des droits de douane à l'importation des marchandises exotiques, et rétablissement de quelques-uns, même à l'exportation de produits français, en les combinant tous de manière à concilier les intérêts de la consommation avec ceux du commerce et de l'industrie, sans perdre de vue la suppression des droits d'octroi.

Une grande difficulté existe ici, on ne doit pas se le dissimuler : des études consciencieuses et très approfondies sont indispensables pour arriver à savoir quelles sont les différentes industries qui se trouvent directement ou indirectement favorisées ou lésées par des taxations de cette nature, exagérées ou trop faibles. Il importe d'ailleurs de se préoccuper de la marche à suivre par les gouvernements étrangers comme conséquence de ces taxations. Elles pourraient avoir pour les intérêts généraux du pays, des effets nuisibles auxquels, en pareille circonstance, on a tenté d'obvier par des traités de commerce.

Les législateurs se sont-ils toujours suffisamment livrés à ces études avant d'adopter les décisions nécessaires? L'esprit de localité, sinon des considérations particulières, ne les a-t-il pas quelquefois influencés, aveuglés ? N'a-t-on pas dû souvent remplacer ces décisions par d'autres qui, elles-mêmes, n'ont eu qu'une durée éphémère. Avec quelle circonspection ne doit-on pas procéder quand il s'agit de déterminer la tarification d'une seule ou de plusieurs des marchandises dont le mouvement international a ou peut avoir de l'importance.

C'est un sujet qui aurait besoin d'être traité avec de grands développements; mais, pour cela, il faudrait beaucoup de temps et aller au-devant de toutes les objections.

Provisoirement, contentons-nous de dire que certains produits affranchis, dans ces derniers temps, de toute taxe d'entrée en France, ou soumis à des droits insignifiants, pourraient, au grand avantage de nos industries et aussi du Trésor, en supporter qui ne mettraient pas obstacle à leur introduction en quantités suffisantes pour les besoins de la consommation.

10° Sauf un petit nombre d'exceptions, les contributions indirectes seraient provisoirement conservées après remaniements des plus importantes. Par exemple, les droits applicables aux vins et à quelques objets à dénommer porteraient désormais sur la valeur et non plus seulement sur la quantité.

Là où une pareille transformation serait reconnue impraticable, ou bien lorsqu'il y aurait impossibilité d'établir une proportionnalité réelle, mieux vaudrait accorder la franchise absolue plutôt que de laisser subsister des impôts inégalement répartis, onéreux aux classes pauvres ou nuisibles à de nombreuses industries.

La taxe de consommation du sel est particulièrement dans ce cas : elle atteint les moins fortunés dans une plus forte proportion que les autres, car ils consomment plus qu'eux de grandes quantités de cette denrée, soit en nature, soit en salaisons diverses.

Cette taxe doit, dès lors, être supprimée, d'autant plus que le sel à bon marché serait utilement employé dans une plus grande proportion pour l'élève du bétail, l'amélioration des fourrages avariés et la fabrication ou la conservation des engrais. En outre, elle a pour conséquence d'augmenter le prix de revient de beaucoup de produits dans la composition desquels il entre à l'état de soude.

On pourrait néanmoins la maintenir pendant quelque temps encore si les besoins du Trésor l'exigeaient impérieusement, et par compensation avec l'impôt sur les revenus qui n'atteindrait que peu ou point les malheureux.

Les tabacs sont en régie au compte du gouvernement. Les prix de vente devraient toujours en être réglés de telle sorte que ceux-là pussent s'approvisionner des tabacs à leur convenance au meilleur marché possible. Rien que de juste à cela, puisque le riche aussi bien que le pauvre conserverait la faculté d'acheter les tabacs de qualité plus ou moins inférieure, selon la dépense qu'il voudrait faire.

Pour les vins et eaux-de-vie, pour les vins surtout, un changement radical est à opérer. La difficulté consisterait à en apprécier assez exactement la qualité pour que les droits pussent être appliqués sur la valeur avec toute la justice désirable.

Ce problème, sans être facile à résoudre, n'est cependant par insoluble. Plusieurs moyens d'atteindre le but ont été indiqués à différentes reprises. Aucun, jusqu'à présent, n'a paru satisfaisant ; tous ou presque tous ont été jugés d'une application irréalisable en ce qu'ils eussent été gênants, vexatoires pour les contribuables et de nature à occasionner des frais considérables à l'État.

Le premier, entre les meilleurs ou plutôt entre les moins mauvais de ceux qui semblent pouvoir être adoptés, consisterait, si nous ne nous trompons, à taxer les boissons au moment de leur extraction du lieu où elles sont produites ou fabriquées. Le prix des vins de chaque pays, de chaque localité, de chaque cru est à peu près généralement connu, sur les lieux au moins ; il y a presque toujours là une notoriété dont les agents du fisc auraient la facilité de profiter. Les taxes à la valeur seraient ensuite appliquées.

Cette mesure entraînerait la suppression de ce qu'on appelle l'*exercice*, c'est-à-dire du mode d'après lequel les droits sont constatés ou perçus, après de fréquents recensements chez les débitants des campagnes ou des villes non rédimées, sur les quantités vendues pour la consommation.

Les droits exigés ainsi du commerce de détail sont, en définitive, supportés par la partie de la population qui n'a pas les ressources nécessaires pour faire des approvisionnements. Or, le droit de détail est un des plus élevés, relativement.

Les achats d'une certaine importance (25 litres au moins), faits au compte de particuliers, en sont affranchis et ne donnent lieu, dans le plus grand nombre de cas, qu'à la perception de taxes d'une quotité sensiblement moindre.

A cet égard, les classes riches ou aisées sont favorisées.

Les autres souffrent encore, et beaucoup, du défaut de proportionnalité des droits d'octroi, aussi bien que des droits d'entrée, dans les localités où il en existe: ces droits, qui s'appliquent aux quantités sans qu'il soit tenu compte de la qualité, atteignent également les vins tout à fait inférieurs et les meilleurs.

La taxe perçue dans les villes dites *rédimées*, sous le titre de *taxe unique*, comprend les droits d'entrée et de détail ainsi que le droit de circulation.

Dans les villes *rédimées* où l'*exercice* a été remplacé par l'application de la *taxe unique*, les simples particuliers sont assujettis aux mêmes charges pécuniaires que le commerce. Il est, dès lors, permis de s'étonner que les prix de vente au détail y soient si fréquemment hors de proportion avec les prix réels de revient. C'est encore l'action des intermédiaires qui se fait sentir là d'une manière fâcheuse,

Les marchands en gros, pour les boissons placées sous le régime de l'entrepôt, sont provisoirement affranchis du payement des droits. Ils ne les acquittent, sur les quantités extraites de leurs magasins, qu'au fur et à mesure des ventes qu'ils en font aux particuliers et aux débitants.

Dans les villes non *rédimées* et dans toutes les localités où il n'y a pas d'octroi, la circulation des boissons est subordonnée à des formalités ou garanties propres à prévenir les abus. L'*exercice* y règne dans toute sa plénitude.

Cela n'existe pas, nous venons de le dire, dans les villes *rédimées*, où cependant (Paris excepté) des recensements sont aussi opérés chez les négociants.

Partout où l'*exercice* proprement dit est en vigueur, le consommateur qui peut faire venir son vin directement d'un pays de production, d'un entrepôt ou de chez un marchand en gros, n'est appelé à payer que le droit de circulation, indépendamment du droit d'entrée dans la plupart des villes. Le débitant ou marchand en détail doit, en outre, à l'État, un droit représentant environ 12 o/o du prix moyen des vins vendus par lui.

Les droits d'octroi, perçus quand il y a lieu, toujours au profit des communes, sont indépendants de ceux-là.

La manière dont l'impôt est appliqué présente, de plus, le grave inconvénient de faciliter la fraude, laquelle s'exerce sur une grande échelle, la répression en étant presque impossible, quels que soient la vigilance, le zèle et le dévouement des agents du gouvernement. Les droits fraudés s'élèvent annuellement, assure-t-on, à des sommes considérables, et les intérêts du Trésor, comme ceux du commerce de bonne foi, sont fortement compromis.

D'autres fraudes, qui, depuis quelques années, ont pris une grande extension, sont, à un point de vue différent, aussi redoutables que celles-là. Elles tendent à nuire de la manière la plus fâcheuse à la santé publique, par des dénaturations et des sophistications qui ne peuvent pas toujours être reconnues en temps utile.

Il est donc extrêmement à désirer que des moyens pratiques d'obvier à ces inconvénients et dangers, tout en établissant l'impôt sur des bases plus équitables, soient substitués à la législation actuelle. Déjà, l'autorité compétente, dont la sollicitude s'est justement éveillée, a pris des mesures de répression énergiques dans l'intérêt de la salubrité publique. Elle persévérera dans cette voie, cela n'est pas douteux, et il ne restera plus qu'à changer le mode de taxation.

A cet effet, nous voudrions qu'il fût établi un droit à la valeur, dit de *consommation-circulation*, qui, gradué convenablement, remplacerait tous les droits actuels.

La meilleure manière de l'appliquer serait, probablement, de le liquider, de le constater ou d'en exiger le payement immédiat à vue des déclarations mêmes des contribuables.

Ces déclarations seraient contrôlées par les agents du gouvernement, qui emploieraient dans ce but toutes les ressources dont ils pourraient disposer. En cas d'inexactitude reconnue ou présumée, ils auraient recours soit à une expertise locale, dans des conditions déterminées à l'avance, soit à la préemption, quoique ce procédé ne soit plus guère admis ni admissible. Toute tentative de fraude serait réprimée par l'application de pénalités, plus ou moins élevées, selon l'importance de la perte que le Trésor eût pu éprouver.

C'est au moment de l'enlèvement des boissons que le droit de *consommation-circulation*, après avoir été régulièrement constaté, serait acquitté ou garanti, au choix des intéressés.

Dans le premier cas, elles circuleraient librement partout en France, excepté dans un certain rayon des pays producteurs ou des fabriques.

Afin de sauvegarder, dans ce cas, complètement les intérêts du Trésor et ceux du commerce loyal, elles devraient être accompagnées de *laissez-passer* ou autres pièces constatant le payement des droits.

Dans le second cas, c'est-à-dire lorsque les boissons destinées à la consommation seraient enlevées avant qu'il eût effectivement eu lieu, ou bien lorsqu'elles seraient destinées à être exportées de France, elles feraient l'objet d'acquits-à-caution qui assureraient ou ce payement, ou leur arrivée au point de sortie pour l'étranger, dans un délai déterminé.

La même marche serait suivie à l'égard des vins expédiés pour être *brûlés*, en d'autres termes, *convertis* en alcools. Le droit s'appliquerait alors à ceux-ci.

Des échantillons des boissons transportées dans ces différentes conditions les accompagneraient.

En cas de retard ou de non-rapport des acquits-à-caution, des poursuites seraient exercées contre les soumissionnaires et leurs cautions.

Ces dispositions semblent pouvoir être mises à exécution sans de trop grandes difficultés. Des abus se produiraient encore peut-être, au début du moins, mais il y serait facilement remédié. Dans tous les cas, ils auraient moins d'importance que ceux qui existent aujourd'hui.

Un autre système a été indiqué, quoiqu'un peu vaguement : dans l'hypothèse prévue de la taxation à la valeur, ce ne sont pas les vins eux-mêmes qu'on atteindrait par la constatation du droit, mais bien les quantités présumées devoir être obtenues d'après le rendement des vignes, déterminé sur la base d'une moyenne de plusieurs des années antérieures. Ce système ne semble pas réalisable. Un véritable aléa en résulterait pour les intéressés comme pour le Trésor, et l'on n'y a tenu compte ni des vins qui sont transformés en alcools ou eaux-de-vie, ni de ceux qui sont *fabriqués* dans de nombreuses localités où il n'est pas fait emploi de raisins *frais*. Force serait alors de rechercher ces vins et de les taxer d'une manière spéciale.

Enfin il a été mis en avant un autre moyen encore d'atteindre le but qu'on se propose, ou du moins de ramener à une proportionnalité rapprochée l'impôt sur les boissons. Il consisterait à percevoir, à l'entrée dans les villes, un droit *ad valorem* sur les vins, toujours vendus, dans ce cas, *à la criée*. Mais ce moyen, qui évidemment ne saurait être appliqué partout, aurait, entre autres inconvénients, celui de laisser subsister l'*exercice* dans un grand nombre de localités où, dès lors, la proportionnalité ne serait pas établie. Il aurait en outre pour conséquence inévitable le maintien des octrois.

A cette occasion, la question s'élève de savoir si la franchise dont jouissent les propriétaires récoltants, pour les quantités de boissons consommées chez eux, devrait ou non être maintenue.

Dans le cas de la négative, comment parviendrait-on à taxer ces boissons sans avoir recours à des mesures en quelque sorte inquisitoriales et contraires à la liberté dont chacun doit jouir chez soi?

Ne conviendrait-il pas plutôt d'accorder la franchise à tous ceux qui, par un procédé quelconque, obtiennent, *pour leur propre usage exclusivement*, des boissons de quelque espèce que ce soit, à l'exception formelle des alcools et eaux-de-vie ou liqueurs.

. Ce sont les opérations de commerce que la loi doit chercher à atteindre et non les jouissances que chacun peut se procurer de cette manière. Toutefois,quand au lieu de particuliers il s'agirait d'établissements recevant des étrangers à la famille, tels que les cafés, restaurants, auberges, cabarets, les fabriques, usines, associations commerciales, etc., etc., les droits sur les boissons qu'on y fabriquerait seraient exigibles intégralement.

En ce qui concerne les vins venant de l'étranger ou de nos possessions extra-européennes, comme la qualité ne pourrait en être reconnue qu'au prix de complications gênantes et onéreuses pour le commerce, ils devraient nécessairement être soumis à un droit d'entrée portant sur les quantités. Ce droit serait calculé de manière à représenter celui établi en France sur la valeur.

Les cidres, dont la législation est à peu près la même que celle des vins, les bières légères et autres boissons à l'usage presque exclusif des classes peu fortunées, ne supporteraient plus que des taxes minimes, relativement.

Afin d'accroître les recettes du Trésor, on n'a pas cessé de réclamer une nouvelle augmentation du droit de consommation des alcools. Ce droit qui est déjà très élevé (156 fr. par hectolitre, sans compter le droit d'entrée dans les villes et les droits d'octroi, ce qui, à Paris, porte le montant des taxations à 266 fr.), ce droit, disons-nous, et les autres sont la cause de fraudes considérables. S'il était encore augmenté, ces fraudes prendraient une nouvelle extension, et, sans parler de la santé publique, elles deviendraient de plus en plus préjudiciables à l'État ainsi qu'au commerce de bonne foi.

Ne sait-on pas que les vins importés de l'étranger sont, en général, très alcooliques, et que le sucre, dont il est si facile d'extraire aussi de l'alcool, est à un prix extrêmement modique.

11° Les droits sur les sucres peuvent être considérés comme étant à peu près proportionnels. Ils sont très productifs, et comme ce sont les classes aisées qui consomment le plus de sucre, nous ne croyons pas que la quotité doive en être réduite outre mesure. C'est ici une question de pondération : augmenter les recettes sans entraver la satisfaction des besoins de la consommation. Un axiome économique qui semble admissible d'une manière générale, c'est celui-ci : petit bénéfice répété souvent vaut mieux que grand bénéfice peu fréquent.

Il est donc essentiel que ces droits ne soient ni trop faibles ni trop élevés. Mais, pour en déterminer le chiffre d'une manière satisfaisante, on ne devrait pas perdre de vue l'abus qu'on peut faire du sucre en en extrayant de l'alcool.

Au surplus, la législation des sucres embrasse une multitude de questions très complexes dont les principales se rapportent à notre agriculture et à nos relations internationales de commerce. L'intérêt de notre navigation et de nos colonies y est aussi très engagé.

Elle devra être soumise de nouveau, sous toutes ses faces, à un examen des plus sérieux; car, malgré les fréquentes modifications qu'elle a subies, elle laisse encore beaucoup à désirer. Appelons seulement ici l'attention sur l'importance progressive des quantités de sucre de betteraves importées de l'Allemagne et de la Belgique en France.

12° Parmi les autres recettes du Trésor, figurent, en première ligne, celles provenant de l'exploitation des forêts de l'État et du service des postes. Elles ne peuvent qu'être maintenues jusqu'à nouvel ordre. Les premières n'ont aucun rapport avec l'impôt; les autres ne s'y rattachent que très indirectement : elles rentrent toutes plutôt, par assimilation, dans la catégorie des produits d'entreprises particulières, au monopole près, quant au service des postes.

13° Enfin il ne serait peut-être pas inutile de rétablir des taxes *différentielles* de navigation à l'entrée dans nos ports de mer.

Autrefois, les navires étrangers y étaient assujettis à un droit de tonnage de 3 fr. 75 par tonneau de jauge quand ils arrivaient avec un chargement complet ou partiel. Les navires français en étaient affranchis.

Par suite du décret de 1861 et des conventions

internationales intervenues à différentes époques, ce droit a été supprimé et remplacé par un autre, dit *droit de quai*, qui est appliqué à tous les navires indistinctement.

Cette disposition a porté préjudice aux armateurs et constructeurs français. On peut dire que, nonobstant les facilités, exemptions ou primes qui leur ont été accordées, la situation de tous est devenue très critique. Ils ne peuvent plus soutenir la concurrence étrangère, particulièrement celle des Anglais, qui, ayant la possibilité de construire, d'armer, de naviguer à meilleur marché qu'eux, abaissent le prix du fret et leur enlèvent la majeure partie des transports.

L'industrie nationale en question, qui en engendre d'autres de diverses natures et dont, pour une forte part, dépend un des grands intérêts de l'État, celui de la marine militaire, s'affaiblira de plus en plus, c'est à craindre, si elle n'est pas secourue d'une manière plus efficace.

Souvent, l'état de la marine marchande a été l'objet des préoccupations des pouvoirs législatifs; mais ils ne se rendent peut-être pas suffisamment compte des causes de la souffrance incontestable qu'elle éprouve.

L'assimilation des pavillons en est, selon nous, une des plus importantes. Si elle n'existait pas, nos navires, qui ont pu, jusque dans ces dernières années, et peuvent encore quoique difficilement, se procurer des cargaisons à la sortie, obtiendraient plus aisément des chargements pour le retour.

Le gouvernement et les pouvoirs législatifs ne s'attachent pas d'ailleurs assez, croyons-nous, à connaître les mouvements qui s'effectuènt de ports étrangers à ports étrangers sous le pavillon des différentes nations. Ces mouvements, les consuls et les agents consulaires français pourraient les relever et les indiquer à la métropole, dans leur ensemble et dans leurs détails, ce qui permettrait d'établir sur des bases plus complètes le bilan de notre marine marchande, et d'en apprécier l'importance sur ce point, comparativement à celle des autres nations.

D'après les simples observations et explications qui précèdent et que nous n'avons pas voulu développer dans la crainte de fatiguer l'attention du lecteur, le point essentiel, capital, c'est de procurer à tous, aux moins fortunés plus encore qu'aux autres, les moyens de vivre à bon marché, et aussi, dans beaucoup de circonstances, un travail convenablement rémunéré.

Entre autres dispositions propres à amener ces résultats, nous avons indiqué le dégrèvement des terres produisant des céréales et autres denrées alimentaires. Ce dégrèvement devra avoir pour conséquence de rendre à l'agriculture une grande partie de l'intérêt qu'elle a perdu; d'y ramener, avec les capitaux, les bras qui s'en sont éloignés, et d'augmenter la valeur des terres.

Une autre cause encore existe pour qu'il en soit ainsi : malgré les sacrifices faits par la France à l'occasion et par suite de la guerre de 1870-1871, les quantités de numéraire mises en circulation ont considérablement augmenté; le taux de l'intérêt, ou le loyer de l'argent, a diminué et tend à diminuer de plus en plus; les placements de fonds dans des entreprises agricoles ne tarderont pas dès lors à devenir presque aussi lucratifs que ceux faits en rentes ou en valeurs mobilières ou industrielles de premier ordre. On peut prédire que, dans un avenir assez rapproché, l'intérêt de l'argent, qui est à présent, en moyenne, de 4 o/o environ, alors qu'autrefois il était au moins de 5 o/o, descendra à 3 1/2, à 3 et peut-être à 2 1/2. En Angleterre, pays qui n'a pas plus de ressources ni plus de vitalité que la France, le le taux de cet intérêt est déjà très bas.

Anciennement, les habitants des campagnes, petits propriétaires, fermiers ou simples journaliers, vivaient péniblement, quelques-uns se privant de tout ce qui n'est pas indispensable à la vie; les productions agricoles se vendaient à vil prix; la viande n'était pas chère; les loyers, relativement peu élevés, étaient souvent payés irrégulièrement, quelquefois pas du tout, par les fermiers, et les salaires étaient extrêmement modiques. Aussi les journaliers ayant quelque intelligence émigraient-ils dans les villes, où, devenus ouvriers de différentes sortes, ils trouvaient une rémunération plus large d'un travail presque toujours moins pénible. La vie y était encore à bon marché, et là s'offraient à eux des distractions d'un genre plus attrayant qu'à la campagne.

Un revirement sensible se manifesta : les produits de l'agriculture acquirent une valeur marchande plus grande; les fermiers ou cultivateurs, sinon les propriétaires, dans tous les cas, en profitèrent, et les premiers s'enrichirent; les salaires s'étant notablement élevés, les simples paysans vivaient mieux et plus agréablement que précédemment. Ils se montraient moins disposés à chercher des travaux plus rémunérateurs dans les villes, où, d'ailleurs, le renchérissement de toutes choses avait rendu la position des ouvriers moins satisfaisante matériellement.

Mais, depuis un assez grand nombre d'années déjà, les céréales récoltées en France ne pouvant plus y soutenir la concurrence des blés étrangers, laquelle devient très redoutable, les fermiers, loin de faire des bénéfices, ont à subir des pertes qui s'accroissent de jour en jour, et, dans beaucoup de localités, ils en sont arrivés à ce point que, ne pouvant plus payer leurs fermages, ils sont obligés d'abandonner les terres. Il est vrai que le montant de ces fermages avait dû être augmenté aux époques où l'intérêt de l'argent en rentes ou en valeur de portefeuille était plus élevé. Il est vrai aussi que les fermiers ne vivent plus avec la même économie, qu'ils n'ont plus autant d'ordre et qu'ils ne cultivent pas toujours avec tout le soin désirable.

Les ouvriers agricoles, ou ne trouvant plus là un travail suffisant, ou n'obtenant plus les mêmes avantages pécuniaires et de bien-être auxquels, comme les fermiers, ils se sont vite habitués, changeraient volontiers maintenant de profession. Mais ils se verraient, dans les villes et dans les autres centres industriels, en présence de compétitions telles qu'ils ne parviendraient que difficilement à y gagner leur vie.

Dans l'hypothèse où nous nous sommes placé, ils continueraient sans hésitation, nous n'en doutons pas, à cultiver la terre, surtout si, indépendamment des diminutions d'impôts réclamées, des obstacles sérieux étaient mis à l'importation sur une trop grande échelle des blés étrangers.

C'est alors que les capitaux se reporteraient sur l'agriculture et lui rendraient son ancienne importance.

Des économistes distingués, des législateurs même prétendent que le dégrèvement de l'impôt foncier sur les propriétés non bâties profiterait aux grands propriétaires plutôt qu'à tous autres, en ce sens qu'il aurait uniquement pour effet d'augmenter la valeur de ces propriétés; d'où la conséquence qu'il ne présenterait pas les avantages que nous en espérons.

Nous croyons qu'ils se trompent. D'abord, ce

dégrèvement serait *proportionnellement* aussi profitable aux petits propriétaires qu'aux autres, et personne n'ignore que la propriété agricole est très divisée en France. D'un autre côté, les fermiers, dont le nombre est considérable et qui, depuis longtemps déjà, ne peuvent plus payer leurs redevances, intégralement du moins, y trouveraient nécessairement, d'une manière ou d'une autre, un allègement de charges. Enfin, s'il est vrai que l'impôt foncier ne représente actuellement, en moyenne, que 4 1/2 0/0 à peu près du montant de ces redevances ou des produits, l'impôt projeté sur les revenus en absorberait une bonne part, et le surplus reviendrait aux fermiers ou resterait entre les mains des petits propriétaires cultivateurs.

Les prix de vente des objets de consommation pourraient donc être abaissés comme il convient, et notre système ne peut qu'être maintenu.

RECETTES ET DÉPENSES DE L'ÉTAT

Le budget appelé *budget ordinaire*, tel qu'il a été voté pour l'exercice 1884, s'élève en recette à la somme de 3,026,524,517 francs, et en dépense, à celle de 3,025,373,006 francs.

En outre, le budget dit *extraordinaire*, voté

un mois plus tard, comprend une somme de 257,067,608 francs pour les dépenses à faire dans différents ministères, presque exclusivement dans ceux de la guerre et des travaux publics. C'est au moyen de ressources spéciales, telles que le capital de rentes nouvelles et des obligations du Trésor à court terme, que ces dépenses doivent être couvertes.

Mais les chiffres qui viennent d'être indiqués éprouveront de notables modifications par suite, d'une part, d'excédents de dépenses auxquels des crédits supplémentaires feront face, ainsi que cela arrive tous les ans; d'autre part, d'insuffisances probables de recettes.

Des perceptions sont opérées aussi par l'État pour le compte des départements, des communes, des établissements publics et des communautés d'habitants dûment autorisées. Elles sont présumées devoir s'élever à 456,810,681 francs; savoir : 337,991,946 francs provenant de centimes additionnels, selon le cas, sur une ou plusieurs des quatre contributions *directes;* 114, 043,000 francs sur produits éventuels départementaux, et 4,747,735 francs à titre de produits spéciaux divers et comme taxes assimilées aux contributions directes.

En réunissant la somme de 456,810,681 francs à celle de 3,025,373,006 francs du budget ordinaire, et de 257,067,608 francs du budget extraordinaire, les charges supportées, en 1884, par les contribuables atteindront un chiffre de 3,739,251,295 francs, indépendamment des droits d'octroi et des impositions locales de diverses sortes dont plusieurs rentrent dans des comptabilités désignées maintenant sous le nom d'*occultes*.

Pour se rendre compte de la grande machine gouvernementale en matière de finances, il importe de savoir sur quoi reposent le budget des recettes et celui des dépenses; puis, quels sont les rouages qui doivent la faire fonctionner.

Afin de simplifier l'exposé des faits, nous ne nous occuperons d'abord que de ce qui concerne l'État.

BUDGET DES RECETTES

Contributions directes.

D'après les prévisions, les quatre contributions directes produiront, en 1884, 386 millions de francs environ; savoir : la contribution foncière, 176 millions 1/2; la contribution personnelle et mobilière, 65 millions 1/2; celle des portes et fenêtres, 45 millions, et les patentes, 99 millions, soit . . . . 386 millions.

Taxes assimilées.

Les taxes dites assimilées aux contributions directes tant en France qu'en Algérie. . . . . 33 — 1/2

Domaines.

Le produit du domaine autre que le domaine forestier, toujours en France et en Algérie (1) . . . . 20 —

A reporter . . . . 439 millions 1/2

(1) Tous les chiffres qui vont être indiqués se rapporteront à la fois, quand il y aura lieu, à la France et à l'Algérie, à moins de mention contraire spéciale.

Report . . .	439 millions 1/2
Forêts.	
Le produit des forêts.	35 — 1/2
Enregistrement et timbre.	
Les droits d'enregistrement, de greffe, d'hypothèques et quelques autres . . . . 561 mil[ons] 1/2 Les droits de timbre. 159 —	720 — 1/2
Douanes.	
Les droits de douane et de navigation (290 millions 1/2); la taxe de consommation sur les sels, perçue dans le rayon des douanes (21 millions 1/2), et les autres droits ont produit. . . .	322 — 1/2
Contributions indirectes.	
Le produit des contributions indirectes, y compris la vente des tabacs (374 millions 1/2); celui des poudres (15 millions); les droits sur les alcools (242 millions); les 2 dixièmes du prix des transports en grande vitesse sur les chemins de fer (92 millions 1/2), etc.	864 — 1/2
Douanes et contributions indirectes.	
Les droits sur les sucres	164 —
Contributions indirectes.	
Les droits sur les vins, cidres, poirés et hydromels.	152 — 1/2
Postes et télégraphes.	
Les produits de la taxe des lettres, journaux, etc. (131 millions); des recettes des bureaux télégraphiques (129 millions), et divers (9 mil[ons] 1/2).	169 — 1/2
A reporter . . .	2.868 millions 1/2

		Report. .	2.868 millions 1/2
Divers revenus.			
L'impôt de 3 o/o sur les valeurs mobilières.	50 millions.		
Les produits universitaires.	4 —		
Les amendes et confiscations pécuniaires.	8 —		83 — 1/2
Les retenues et autres produits perçus en exécution de la loi de 1853 sur les pensions civiles	21 — 1/2		
Les autres revenus divers(1). . . .			57 — 1/2
Excédent du budget des recettes de 1881.			
Un prélèvement sera fait sur cet excédent pour compenser les derniers dégrèvements sur les sucres			16 — 1/2
		TOTAL . . .	3.026 millions.

BUDGET DES DÉPENSES

Comme on le sait, ce bugdet se divise en deux parties distinctes : le *budget ordinaire* et le *budget extraordinaire.*

Mais, de même qu'au budget des recettes, il ne

(1) Les autres produits divers comprennent la retenue de 5 0/0 sur la solde des officiers de terre (5 millions); les bénéfices réalisés par la Caisse des dépôts et consignations (près de 5 millions); les bénéfices de l'exploitation des chemins de fer de l'Etat (6 millions); les versements des engagés conditionnels d'un an (7 millions); les produits des maisons centrales de force et de correction (5 millions 1/2), etc., etc.

s'agit là que de prévisions, d'évaluations plus ou moins rapprochées de la vérité et auxquelles les faits constatés viennent souvent donner un démenti.

Voici comment se compose le *budget ordinaire* des dépenses :

Dette publique, dotations, etc.

Rentes perpétuelles 4 1/2, 4 et 3 0/0. . . .	706 millions.	
Intérêts et amortissement des capitaux du budget sur ressources extraordinaires. . . .	251 —	
Intérêts de la dette flottante du Trésor. .	28 —	
Annuités aux Compagnies de chemins de fer.	28 —	
Annuité à la Compagnie des chemins de fer de l'Est.	20 — 1/2	1.315 millions.
Annuité de conversion de l'emprunt Morgan	17 — 1/2	
Pensions militaires..	84 — 1/2	
Pensions civiles. . .	56 — 1/2	
Subvention à la caisse des Invalides de la marine	21 — 1/2	
Dotations : Président de la République et pouvoirs législatifs . .	23 —	
Indemnités et pensions diverses	78 — 1/2	
A reporter . . .		1.315 millions.

Report . . . 1.315 millions.

Ministère des finances.

Administration centrale, Cour des comptes; administration des Monnaies et Médailles; frais de trésorerie, personnel et matériel; traitements et émoluments des trésoriers-payeurs généraux.	20 milons 1/2	
Administration des contributions directes à Paris, dans les départements et en Algérie, y compris les remises aux percepteurs et frais divers.	21 —	
Enregistrement, domaines et timbre . . .	20 —	216 — 1/2
Douanes	31 — 1/2	
Contributions indirectes.	39 —	
Manufactures de l'Etat, y compris 46 millions pour achats et transports de tabacs. .	71 —	
Remboursements et restitutions, non valeurs et primes dont 7 millions pour répartition de produits d'amendes, de saisies, de confiscations, etc . . .	13 — 1/2	

A reporter . . 1.531 millions 1/2

Report . . . 1.531 millions 1/2

Ministère de la justice et des cultes.

Justice. — Conseil d'État; Cour de cassation ; cours d'appel; tribunaux de 1re instance; justices de paix ; frais de justice criminelle, etc., etc.	37 mil^ons 1/2	89 —
Cultes. — Allocations aux vicaires généraux, chanoines, desservants et vicaires . .	35 —	
Constructions et réparations d'édifices diocésains	2 —	
Traitements des archevêques, évêques et curés.	5 — 1/2	
Personnel des cultes protestants.	1 — 1/2	
Secours pour les églises et presbytères. . .	3 —	
Administration centrale; constructions et réparations de cathédrales; cultes israélite, musulman, etc	4 — 1/2	

Affaires étrangères.

Traitements des agents politiques et consulaires ; frais d'établissement et de voyage. .	10 mil^ons	14 —
Administration centrale; matériel à Paris et au dehors; dépenses secrètes, etc., etc . . .	4 —	

A reporter. . . 1.634 millions.

Report . . . 1.634 millions.

Ministère de l'intérieur.

Traitements des fonctionnaires administratifs et employés	15 millions.	
Frais d'exploitation du *Journal officiel* . .	1 —	
Subvention à la ville de Paris pour la police municipale.	7 —	
Police à Lyon . . .	1 —	
Dépenses secrètes. .	2 —	
Personnel du service pénitentiaire	6 —	
Entretien des détenus.	12 —	66 —
Subvention aux départements.	4 —	
Enfants assistés. . .	1 —	
Frais de protection des enfants du premier âge ; secours aux hospices et à divers ; subventions à divers ; matériel, etc.	11 —	
Remboursements sur le produit du travail des détenus.	4 — 1/2	

Algérie.

Personnel et matériel de l'administration centrale ; administration civile et militaire ; police ; frais de colonisation, etc. . . 8 millions.	8 —

A reporter. . . 1.708 millions.

Report . . . 1.708 millions.

Postes et télégraphes en France et en Algérie.

Administration centrale, plus de.	2 mil^ons	139 —
Traitement du personnel et indemnités diverses.	71 —	
Matériel des bureaux et de la distribution. .	14 — 1/2	
Transport des dépêches postales	10 — 1/2	
Construction et entretien des lignes télégraphiques.	5 —	
Subventions pour différentes lignes internationales.	26 —	
Remboursements sur les produits.	3 —	
Autres dépenses . .	7 —	

Ministère de la guerre.

Personnel et matériel de l'administration centrale, et dépôt général de la guerre	10 mil^ons
États-majors	23 — 1/2
Écoles militaires (personnel et matériel) . .	12 —
Personnels hors cadres et non classés dans les corps de troupes. .	13 —
Solde des corps de troupes.	178 —

A reporter . . . 1.847 millions

Report. . . 1.847 millions.

Ministère de la guerre (suite).

Gendarmerie départementale, bataillon mobile et légion d'Afrique.	36 mil^ons^		
Garde républicaine .	5 —		
Vivres.	90 —		
Fourrages	74 —		
Hôpitaux militaires .	11 —		
Service de marche. .	10 — 1/2		
Habillement et campement.	38 —		
Lits militaires . . .	6 — 1/2		
Remonte générale .	13 —		
Transports généraux	3 —	596 — 1/2	
Artillerie et équipages militaires.	20 — 1/2		
Poudres et salpêtres (personnel et matériel).	6 — 1/2		
Génie	17 —		
Secours ; invalides ; solde de non-activité, etc.	5 —		
Corps expéditionnaire et compagnies mixtes en Tunisie. . .	17 —		
Dépenses diverses. .	7 —		

Ministère de la marine et des colonies.

Administration centrale; personnel et dépenses diverses. .	2 mil^ons^ 1/2
Marine.	
Etats-majors et équipages à terre et à la mer	46 —

A reporter. . . 2.443 millions 1/2

Report. . . . 2.443 millions 1/2

Ministère de la marine et des colonies (suite).

Troupes et employés militaires.	13 milons 1/2	
Gendarmerie maritime.	1 —	
Casernement, etc. .	3 —	
Corps entretenus et agents divers.	5 —	
Maistrance, gardiennage et surveillance. .	3 — 1/2	
Vivres.	20 — 1/2	
Hôpitaux.	3 —	
Constructions navales : salaires	22 —	
Constructions navales : approvisionnem. .	49 —	
Artillerie : salaires. .	2 — 1/2	
— approvisionnements	13 — 1/2	230 — 1/2
Travaux hydrauliques.	9 —	
Frais de voyage du personnel	3 — 1/2	
Colonies.		
Personnel des différents services.	10 —	
Vivres.	6 —	
Hôpitaux.	2 — 1/2	
Matériel des services militaires, etc.	3 —	
Subvention au service local.	1 —	
Service pénitentiaire.	7 — 1/2	
Missions ; frais de voyage, etc.	3 —	

A reporter. . . . 2.674 millions.

Report. . . . 2.674 millions.

Instruction publique.

Services généraux et administration centrale	1 mil^on^ 1/2	
Facultés: professeurs, administration, etc . .	11 —	
Collège de France, écoles, bibliothèques, Institut, Muséum d'histoire naturelle, etc . .	14 —	
Lycées nationaux. .	7 — 1/2	139 — 1/2
Enseignement primaire.	98 — 1/2	
Reconstruction de la Sorbonne.	1 — 1/2	
Collèges communaux.	3 —	
Bourses nationales et dégrèvements . . .	2 — 1/2	

Beaux-arts.

Écoles, académies, conservatoire de musique, administration centrale, etc.	2 mil^ons^.	
Théâtres nationaux.	1 — 1/2	
Monuments historiques, etc.	1 — 1/2	
Entretien de palais nationaux, de bâtiments, etc	7 —	15 — 1/2
Travaux d'art et décoration d'édifices publics	1 —	
Musées, manufactures de Sèvres et des Gobelins, etc	2 — 1/2	

A reporter . . . 2.829 millions.

Report. . . 2.829 millions.

Commerce.

Ecole des arts et métiers.	1 mil[ons] 1/2	
Administration centrale et divers.	1 — 1/2	
Encouragements aux pêches maritimes. . .	2 —	
Subvention à la marine marchande. . . .	11 —	19 — 1/2
Poids et mesures : personnel et matériel ; établissements thermaux, etc.	2 — 1/2	
École centrale des arts et manufactures : construction et installation.	1 —	

Agriculture.

Administration centrale	1 —	
Écoles vétérinaires. .	1 — 1/2	
Enseignement agricole.	2 — 1/2	
Encouragements à l'agriculture	2 —	
Destruction des loups, du phylloxera, doryphora, etc.	1 — 1/2	
Haras et dépôts d'étalons	5 — 1/2	
Encouragements à l'industrie chevaline, .	2 —	
Études et subventions pour travaux d'irrigation, de dessèchements, etc.	2 —	

A reporter. . . 2.848 millions 1/2

Report. . . 2.848 millions 1/2

Ministère de l'Agriculture (suite).

Études et subventions pour l'aménagement des eaux . .	4 mil^ons 1/2	25 —
Travaux hydrauliques en Algérie. . . .	1 —	
Autres dépenses. . .	1 — 1/2	

Forêts.

Personnel et matériel	6 — 1/2	18 —
Amélioration des forêts domaniales. . . .	2 —	
Entretien de ces forêts.	1 —	
Reboisement et gazonnement.	3 — 1/2	
Contributions. . . .	1 — 1/2	
Personnel et matériel du service des forêts en Algérie	2 —	
Dépenses diverses. .	1 — 1/2	

Travaux publics.

Administration centrale	1 — 1/2	
(1re section.)		
Ponts et chaussées .	12 —	
Mines : personnel et écoles	1 — 1/2	
Service maritime. .	3 —	
Chemins de fer : Inspecteurs de l'exploitation commerciale, commissaires de surveillance, etc.	1 — 1/2	
Routes et ponts. . .	34 —	

A reporter. . . 2.891 millions 1/2

Report. . . . 2.891 millions 1/2

Travaux publics (1re section) (suite).

Navigation intérieure	11 mil[ons]		
Ports maritimes : phares et fanaux . . .	7	—	
Annuités aux compagnies concessionnaires de chemins de fer. . .	18	—	1/2
Travaux publics en Algérie.	6	—	
Frais accessoires . .			1/2

Travaux publics dits extraordinaires (2e section).

Routes des départements annexés et routes thermales. .	4 mil[ons]		1/2
Grosses réparations des chaussées des routes nationales.	4	—	
Constructions de ponts.	1	—	1/2
Amélioration des rivières, des canaux et des ports.	3	—	1/2
Travaux de défense contre les inondations.	1	—	
Garanties d'intérêts aux compagnies de chemins de fer.	6	—	
Annuités pour payement à ces compagnies des garanties afférentes aux années 1871 et 1872	2	—	1/2

A reporter . . . 2.891 millions 1/2

Report . . .	2.891 millions 1/2

Travaux publics dits extraordinaires.
(2e section) (suite).

Garanties d'intérêts aux chemins de fer algériens et tunisiens	12 mil^ons 1/2	133 — 1/2
Travaux extraordinaires en Algérie . . .	5 —	
Divers	1 —	
TOTAL des dépenses. . .		3.025 millions

Le budget extraordinaire des dépenses de 1884, lequel a été provisoirement arrêté, comme nous l'avons vu, à la somme de 257,067,608 francs, se décompose ainsi :

Ministère des postes et télégraphes.

Lignes souterraines		3 millions.

Ministère de la guerre.

Artillerie.	56 mil^ons	110 —
Génie	45 —	
Subsistances	2 — 1/2	
Habillement	2 — 1/2	
Transports généraux	4 —	

Ministère des travaux publics.

Personnel attaché au service des travaux extraordinaires	4 mil^ons	
Amélioration des rivières et canaux . . .	39 —	
Amélioration des ports maritimes . . .	32 — 1/2	
A reporter . . .		113 millions.

Report. . .		113 millions.
Ministère des travaux publics (suite).		
Etudes et exécution des chemins de fer	37 mil^{ons} 1/2	136 — 1/2
Rachat et travaux d'achèvement de lignes de chemins de fer, etc. .	21 —	
Travaux extraordinaires en Algérie . . .	2 — 1/2	
Ministère de la marine et des colonies.		
Avances à la Compagnie du chemin de fer de Dakar à Saint-Louis. . . .		— 1/2
TOTAL. . . .		257 millions.

Nous n'entrerons pas, quant à présent, plus avant dans l'examen du budget; nous nous sommes proposé seulement d'en indiquer les principaux éléments. Quelques chiffres en seront reproduits quand il y aura lieu.

En attendant, il ne nous paraît pas inutile de faire connaître le total des dépenses afférentes à chaque département ministériel, que ces dépenses y soient ou non contrebalancées par des recettes effectives, et, pour les services qui produisent, quelle est la proportion des frais de régie au montant des sommes à recouvrer.

L'examen de toutes ces indications fournira les moyens de se rendre compte de la valeur réelle des différents impôts aux points de vue des revenus, des effets directs ou indirects dont ils semblent être la cause, notamment des conséquences qu'ils peuvent avoir pour le commerce ou l'industrie, pour le bien-être des populations et pour la prospérité publique en général.

Cette partie de la question économique est une des plus importantes, des plus ardues et peut-être des moins appréciées.

En réunissant, pour en composer une seule masse, le budget ordinaire et le budget extraordinaire ou celui des dépenses sur ressources spéciales, on voit que sur la somme de 3,282 millions et demi (3,282,440,614 fr.) qui en forme le montant, chacun des différents ministères est compris pour :

Le Ministère des finances, avec la dette publique et les dotations	1.531	millions	1/2
La Justice et les Cultes	89	—	
Les Affaires étrangères	14	—	
L'Intérieur, y compris le gouvernement général de l'Algérie	74	—	
Les Postes et Télégraphes (France et Algérie)	142	—	
Le Ministère de la guerre	706	—	1/2
— de la Marine et des Colonies	238	—	
L'Instruction publique et les Beaux-Arts	155	—	
Le Ministère du commerce	19	—	1/2
— de l'agriculture, y compris les forêts	43	—	
Les Travaux publics	270	—	
Somme égale.	3.282	millions	1/2

Mais, d'après les faits relevés jusqu'à présent, quoiqu'ils ne soient pas encore constatés d'une manière certaine, ce chiffre devrait être augmenté de 200 millions environ ; savoir : une quarantaine de millions applicables au budget extraordinaire et plus de 160 millions au budget ordinaire. Cette dernière somme représenterait des excédents de dépenses de 80 millions à la Marine, de 40 millions à l'Intérieur et de 30 millions à l'Instruction publique, indépendamment de ceux de moindre importance qui porteraient sur les Ministères de la guerre, du commerce et des finances.

Ces excédents, s'ils sont réels, s'expliqueraient difficilement, à moins qu'ils ne se rapportassent pour la plupart à des dépenses extraordinaires qui, dès lors, auraient dû être classées comme telles.

Les budgets annexes, rattachés pour ordre seulement au budget général de l'État, s'élèvent, en recettes et en dépenses, à 94 millions (93,848,723 fr.). Pour les uns, tels que ceux de la fabrication des monnaies et médailles (Ministère des finances), de l'Imprimerie nationale (Ministère de la justice), des chemins de fer de l'État (Ministère des travaux publics), des postes et télégraphes, les dépenses sont plus que couvertes par les recettes dont les excédents sont versés, en fin d'exercice, au Trésor public. C'est au moyen de subventions fournies par l'État, que les autres sont mis en équilibre : les budgets de la Chancellerie de la Légion d'honneur (Ministère de la justice), de la Caisse des invalides de la marine (Ministère de la marine et des colonies) et de l'École centrale des arts et manufactures (Ministère du commerce) sont dans ce cas.

A l'exception du Ministère des finances, où la perception de la majeure partie des revenus de l'État est opérée, du Ministère des postes et télégraphes et de l'administration des forêts (Ministère de l'agriculture), qui font aussi des recettes de quelque importance, il n'est encaissé dans les autres départements ministériels que des sommes relativement insignifiantes. Dans la plupart des cas même, ce sont les agents du ministère des finances qui en effectuent le recouvrement.

Sans parler du produit des emprunts et du capital des bons ou obligations du Trésor, ce ministère fait environ 3,195 millions de recettes, y compris les perceptions opérées pour le compte des départements ou des communes. Les frais de régie (personnel, matériel, etc.) sont de 150 millions à peu près, ou un peu moins de 4 fr. 70 0/0, beaucoup moins même s'il est tenu compte des nombreux et importants payements et mouvements de valeurs dans les deux sens qui s'y produisent.

Le Ministère des postes et télégraphes perçoit, comme on l'a vu, 169 millions. Les dépenses, y compris les frais de régie, étant de 142 millions, représentent les 84 centièmes des recettes.

Les dépenses de l'administration des forêts, qui sont de 18 millions environ, constituent une proportion de 50-10 o/o, comparativement au chiffre des produits.

Il semble tout d'abord difficile d'obtenir de grandes réductions sur les frais de régie de ces trois services; la proportion de moins de 470 o/o, qu'ils présentent au Ministère des finances, n'est pas exorbitante, et, dans les postes et télégraphes comme dans l'administration des forêts, les dépenses sont en grande partie de telle nature qu'on ne saurait se dispenser de les faire.

Ce n'est pas, en général, sur les traitements des fonctionnaires et employés que des économies pourraient être réalisées. Ces traitements sont à peine suffisants pour leur assurer une existence convenable.

Mais rien ne s'opposerait, selon nous, à ce que le nombre de ces agents fût notablement diminué.

Dans ce cas, les sommes devenues disponibles devraient être presque entièrement réparties sur ceux qui seraient conservés, et, en définitive, l'État ne profiterait que peu ou point de la mesure, s'il n'était tenu compte ni du travail plus complet qu'il serait en droit d'exiger d'eux, ni de la diminution qu'éprouverait plus tard le chiffre des pensions de retraite.

C'est d'une autre manière qu'il faut chercher à alléger les charges qui pèsent si lourdement sur les populations.

La dette publique s'est considérablement accrue par suite d'une guerre désastreuse qui a occasionné une perte de 10 milliards au moins à la France. En y comprenant la somme de 549 millions (548,641,520 fr.), à laquelle sont évalués officiellement les intérêts du coût de cette guerre, elle s'élève actuellement à près de 1.315 millions (1,314,907,480 fr.) par an.

Elle s'atténuera successivement, c'est à espérer, et dans une proportion notable, à moins que des circonstances malheureuses, telles que de nouvelles guerres, des crises commerciales et financières ou des dépenses exagérées ne viennent s'y opposer.

Ce résultat pourra être obtenu par l'extinction d'engagements à terme (s'ils ne sont pas renouvelés trop souvent) et par le jeu régulier des amortissements. Le produit de l'aliénation des chemins de fer de l'État y contribuerait puissamment aussi.

Un examen attentif des détails de cette dette fera reconnaître qu'elle ne saurait être réduite d'une autre manière, car elle se compose en grande partie de contrats synallagmatiques qui doivent être respectés, et de pensions.

On y voit figurer de fortes sommes pour le payement d'annuités, à titre d'amortissement d'emprunts, y compris partie de la dette flottante, et pour le remboursement du capital d'obligations à court terme.

Parmi les annuités, celles résultant de la création de rentes 3 o/o amortissables sont les plus importantes : elles ne sont pas inférieures à 136 millions par an, et elles ne s'éteindront complètement qu'à une époque encore très éloignée.

Défalcation faite de la dette publique, le budget ordinaire de 1884 ne s'élèverait pas à moins de 1,870 millions avec les 160 millions de surcroît exceptionnel dont nous avons fait mention.

Pour diminuer une semblable charge, fût-elle même allégée de ces 160 millions, mieux vaudrait procéder, à l'avenir, par voie de réduction des dépenses et par le remaniement des impôts, plutôt que d'avoir recours à de nouveaux emprunts.

Les mesures que nous croyons devoir proposer viseraient peut-être le mieux ce but. Dans tous les cas, elles seraient équitables.

Nous n'avons pas la prétention d'avoir trouvé la solution du problème à résoudre. Si nous nous permettons d'émettre quelques idées que d'autres peuvent avoir eues avant nous, c'est uniquement pour indiquer la voie qui nous semble la meilleure à suivre dans l'intérêt du plus grand nombre et de l'État.

Des propositions ne cessent pas d'être faites dans le même sens; dernièrement encore, on a présenté un projet d'après lequel plusieurs centaines de millions seraient économisées par la suppression de la Cour des comptes, de nombreuses recettes des finances et perceptions, d'une partie de la magistrature, du budget des cultes, etc.

Mais ce projet n'est pas susceptible d'être entièrement adopté.

A notre avis, la Cour des comptes est indispensable pour le contrôle et la justification des dépenses publiques. Elle ne saurait donc être supprimée. Seulement, pour qu'elle rendît tous les services qu'on est en droit d'attendre d'elle, il y aurait convenance et justice à revenir à l'esprit de l'institution en y nommant de préférence, comme conseillers référendaires, d'anciens comptables de l'État ou des chefs de bureau dans les grandes administrations financières. L'hérédité, quelque déguisée qu'elle fût, et la faveur ne devraient pas exister là plus qu'ailleurs, moins encore peut-être.

Avant d'abolir, comme cela est demandé, les recettes des finances et aussi les simples perceptions, le recouvrement des impôts devrait être assuré d'une autre manière. Or, ce n'est qu'après un certain temps d'expérimentation ou d'essais répétés sur plusieurs points, qu'on pourrait acquérir une certitude à cet égard.

Sans doute de grandes modifications dans l'organisme des finances et de la plupart sinon de toutes les administrations de l'État, sont devenues possibles depuis l'établissement des communications rapides entre beaucoup de localités; mais il faut y procéder avec circonspection, sous peine de compromettre les intérêts du Trésor et d'autres non moins importants.

En matière financière, rien ne s'opposerait probablement à ce qu'on centralisât, dans une seule caisse, les recettes de plusieurs ou de tous les services d'un arrondissement, de plusieurs arrondissements même ; qu'on exigeât que tous les fonds perçus fussent versés à une des succursales de la Banque de France ; qu'un seul inspecteur local remplaçât tous ou presque tous ceux actuellement en fonctions, et qu'il en fût de même des directeurs ou, pour en diminuer le nombre, si la spécialité de chacun était conservée, qu'on étendît considérablement leur circonscription, etc. Toutefois, nous le répétons, on ne pourrait entrer sans inconvénient dans une semblable voie qu'après une étude approfondie ou une expérimentation suffisante.

En ce qui concerne la magistrature, il ne serait pas moins difficile d'y toucher sans préparation. Ici, il y aurait danger pour la société. Est-ce à dire pour cela qu'on ne doive rien faire? Nullement; mais la solution d'une question si délicate serait compromise si l'on y apportait trop de précipitation.

Quant à la suppression réclamée du budget des cultes, laquelle serait inévitablement suivie de la séparation des églises et de l'État, ce serait trancher une question plus délicate encore. Cette mesure aurait des conséquences funestes : sur beaucoup de points, elle amènerait la destruction de la religion. Elle consacrerait d'ailleurs peut-être une regrettable spoliation.

La dénonciation du Concordat de la part du gouvernement non seulement serait injuste si des indemnités convenables n'étaient pas accordées au clergé, mais elle lui ferait, non sans raison, des ennemis irréconciliables, et il s'aliénerait mal à propos de nombreuses populations.

Par une nouvelle organisation des services financiers, bien entendue et mieux en rapport avec l'existence des chemins de fer ainsi que des lignes télégraphiques, il serait évidemment possible de réaliser d'importantes économies.

On en obtiendrait encore, selon toute apparence, sans difficulté en remaniant aussi, pour la simplifier, l'organisation des préfectures et sous-préfectures de même que celle des cours et tribunaux. Les sous-préfectures sembleraient pouvoir être supprimées presque partout, et le nombre des tribunaux secondaires, au moins, pourrait être diminué sensiblement : plusieurs n'ayant que peu d'affaires à juger ne présentent plus qu'un faible degré d'utilité.

Sur un budget ordinaire de 1,870 millions (chiffre éventuel), il ne devrait pas être difficile de faire monter les réductions de dépense à 100 millions et plus, quand le moment sera venu de diminuer les allocations accordées à la guerre (600 millions) et à la marine (310 millions). Le maintien d'armements permanents considérables dans la presque généralité des pays d'Europe est une cause de ruine pour tous.

Quant à présent, on pourrait se borner à simplifier dans ces départements ministériels, comme dans tous les autres services publics, les rouages purement administratifs. Nul doute que de grandes économies y seraient obtenues aussi.

Plus tard, la question s'élèvera de savoir si de plus profondes entailles ne devraient pas y être opérées.

Les recettes, d'un autre côté, s'accroîtraient notablement par suite de la tranformation ou de l'extension des impôts actuels.

Voici un aperçu de ce que les mesures proposées produiraient éventuellement :

Si nous ne nous trompons, l'impôt sur les revenus, au taux de 3 o/o seulement, donnerait au moins	300 millions.
Dont il faudrait défalquer les . . . provenant de la taxe actuelle sur les valeurs mobilières.	50 —
Resterait.	250 millions.
Le droit sur les vins, transformé et rendu proportionnel à la valeur (les fraudes étant en grande partie anéanties, et les octrois, supprimés), fournirait une augmentation qu'on peut évaluer sans exagération à.	100 —
L'exhaussement des taxes sur les successions en ligne collatérale et sur les legs testamentaires ou donations	
A reporter . . .	350 millions.

Report	350 millions.
entre vifs, ainsi que le produit de l'extension de la déshérence aurait probablement pour résultat un accroissement de	80 —
nonobstant la diminution qui serait accordée pour les successions en ligne directe.	
Enfin, l'élévation des droits de douane à l'entrée, principalement sur les céréales, les bestiaux et sur quelques espèces de produits manufacturés, et le rétablissement de tout ou partie de ceux qui atteignaient autrefois, à la sortie comme à l'entrée, un certain nombre de denrées ou de matières nécessaires à l'industrie, procureraient une ressource nouvelle, approximative, de.	50 —
TOTAL	480 millions.

dont il y aurait à retrancher :

1° 40 millions, ou moitié des 80 millions (chiffre pris arbitrairement) dont seraient dégrevées les terres affectées à la culture des céréales et autres objets d'alimentation ainsi que des produits nécessaires à l'élève du bétail. Le budget des départements en perdrait l'autre moitié; soit	40 millions.
2° 50 millions comme conséquence de la suppression de l'impôt des portes et fenêtres, les départements et les communes devant être privés des 25 autres millions; ci	50 —
3° Suppression de la taxe de consommation sur les sels (douanes et contributions indirectes).	33 —
ENSEMBLE.	123 millions

L'augmentation se réduirait à 357 millions, lesquels, ajoutés aux 100 millions qui semblent pouvoir être obtenus des économies à réaliser sur tous les services publics, composeraient une masse de 457 millions.

Il en serait disposé de la manière suivante, jusqu'à concurrence de 280 millions :

On a vu que le produit *net* général des octrois en France est de 260 à 265 millions. Or, comme il n'existerait plus, c'est une ressource qui manquerait aux villes ou communes ; mettons.	265 millions.
Elles perdraient en outre, conjointement avec les départements et arrondissements	40 —
par suite du dégrèvement des terres affectées à la culture des céréales, etc., et	25 —
dont ils seraient privés par la suppression de l'impôt des portes et fenêtres. .	
EN MOINS à leur budget . .	330 millions.
La compensation pourrait se trouver dans une augmentation, à leur profit, de 50 millions sur la taxe mobilière .	50 millions.
Puis, dans une partie du produit de l'impôt sur les revenus et de celui des droits sur les vins, soit	280 —
SOMME ÉGALE	330 millions.

En retranchant la somme de 280 millions de celle de 457 millions dont les ressources de l'État se trouveraient accrues, 177 millions resteraient disponibles. Au besoin, une centaine de millions pourrait y être ajoutée en élevant de 3 à 4 o/o l'impôt sur les revenus.

On aurait alors les moyens de faire face aux travaux extraordinaires jugés indispensables et à l'imprévu, sans que de nouveaux emprunts fussent nécessaires, d'autant plus que les charges annuelles se réduiront successivement par l'extinction ou l'amortissement d'une partie importante de la Dette.

Nous n'avons porté qu'une somme de 300 millions pour le montant présumé du produit de l'impôt sur les revenus. Elle devra être beaucoup plus élevée si l'on veut mettre cet impôt mieux en rapport avec l'ensemble de ceux de consommation, qu'il y aurait alors lieu de réduire; dans quelle proportion? On ne pourra le savoir qu'après avoir constaté les résultats de l'application du nouvel impôt.

Quant aux villes ou communes, elles seraient indemnisées dans la mesure de la perte que la suppression des droits d'octroi leur ferait subir, défalcation faite des frais de perception de ces droits. La somme de 265 millions qu'il est proposé de leur allouer ne devrait sans doute pas être employée intégralement à cet effet.

Celles qui, dans l'état actuel des choses, contribuent le plus à composer le chiffre auquel atteignent les produits des octrois, sont : Paris, pour plus de 140 millions provenant de l'introduction de 5 à 6 millions d'hectolitres de vins, de 150,000 hectolitres environ d'alcools et de quantités considérables d'autres liquides; de comestibles, de fourrages, de combustible et de matériaux; puis, selon leur rang d'importance, les villes et communes des départements du Nord, du Rhône, des Bouches-du-Rhône, de la Seine-Inférieure, de la Seine (moins Paris), de la Gironde, de la Loire, du Pas-de-Calais, de la Haute-Garonne, des Alpes-Maritimes, de la Loire-Inférieure, de l'Hérault, de Seine-et-Oise, de la Marne, de Meurthe-et-Moselle, etc.

Dans l'ensemble, les perceptions *brutes*, dont le chiffre est de 280 à 290 millions de francs ont porté, en 1881, pour 78 millions, sur les vins; pour 22 millions, sur les alcools; pour plus de 28 millions, sur les huiles, et autres liquides; pour 77 millions 1/2, sur les comestibles; pour 28 millions, sur le combustible; pour 14 millions, sur les fourrages; pour 35 à 36 millions, sur les matériaux et objets divers.

Le produit général des octrois en France était *net* de 117 millions 1/2 en 1859; de 231 millions, en moyenne, pendant la période de 1875 à 1879; de 253 millions en 1880 et de 264 millions en 1881. Les chiffres exacts des années suivantes ne nous sont pas encore connus.

L'augmentation, presque incessamment progressive jusque-là, provient, pour la plus grande part, des vins, des comestibles et des matériaux. Les quantités de combustible se sont aussi considérablement accrues.

Les comestibles se composent principalement

de produits de l'agriculture et de préparations alimentaires. Les combustibles, les bois à brûler au moins, ont, de leur côté, de même pour origine une industrie agricole.

DES TRANSACTIONS INTERNATIONALES ET DES TRAITÉS DE COMMERCE

Depuis le changement de régime survenu en 1860, les partisans de la liberté commerciale et les protectionnistes n'ont pas cessé de discuter sur les effets des traités de commerce qui en ont été la conséquence. Il s'agissait tout d'abord seulement de celui conclu avec l'Angleterre; ensuite sont venus les autres, successivement.

C'est une question très compliquée qui n'a pas encore été résolue; le doute subsiste toujours pour tous ceux qui n'ayant pas de parti pris l'examinent, l'étudient avec impartialité et dans le seul but d'arriver à la connaissance de la vérité.

Dans ce but, qui est le nôtre, quelques observations préliminaires semblent devoir être faites.

Les traités de commerce de la France avec les puissances étrangères ont généralement en vue l'introduction, à des conditions de tarifs modérées ou en franchise, de marchandises exotiques dans notre pays et, par réciprocité, de marchandises françaises chez elles.

Les contractants se sont proposé de se procurer des débouchés pour l'écoulement des produits de leurs industries, et de mettre leurs nationaux à même de s'approvisionner plus aisément de ceux des pays étrangers. A cet effet, des concessions ont été faites sur certains points pour en obtenir sur d'autres. La question est de savoir si tous les intérêts ont été sauvegardés.

Nous croyons devoir tout d'abord signaler la distinction qui depuis longtemps a été établie, entre ce qu'on appelle en France le *commerce général* et le *commerce spécial.*

Le commerce général comprend : à *l'importation* tout ce qui vient du dehors pour la consommation, c'est-à-dire en franchise ou sous l'acquittement des droits d'entrée ; puis, avant l'acquittement de ces droits, quand il en existe, pour l'admission temporaire, l'entrepôt ou le transit ; à *l'exportation*, tout ce qui sort de France, qu'il s'agisse de produits français ou francisés ou bien de produits exotiques entrés en transit, pour les entrepôts ou autrement, et réexportés.

Le commerce spécial ne se compose, d'une part, que des produits *importés* pour la consommation ; de l'autre, que des produits français ou nationalisés, *exportés.*

Il est compris sans aucune exception dans le commerce général à *l'exportation,* et presque toujours, mais non généralement, à *l'importation* par période annuelle.

Les chiffres du commerce général indiquent donc les mouvements complets du commerce international et avec les colonies, ainsi que les produits de nos pêches maritimes, tandis que ceux du commerce spécial ne se rapportent qu'à ce qui entre dans la consommation du pays ou en sort.

Afin d'arriver à savoir, soit quant à l'ensemble, soit en ce qui concerne une ou plusieurs espèces de marchandises seulement, s'il y a accroissement à l'importation ou à l'exportation, il suffit de comparer par périodes les chiffres du commerce général. Si l'on veut connaître de préférence, au moins approximativement, quels ont été les besoins de la consommation et le degré d'importance relative de nos industries, ce sont les chiffres du commerce spécial qui doivent être rapprochés les uns des autres.

Partant de ces données, nous allons indiquer les résultats de l'année 1859, celle qui a précédé le changement de régime concernant le commerce extérieur, puis ceux de différentes périodes ultérieures jusques et y compris l'année 1883, la dernière dont les comptes ont été arrêtés définitivement.

Avant de passer outre, une observation semble nécessaire. Toutes les comparaisons qui vont suivre sont établies sur la *valeur* des marchandises et non sur les *quantités*. Il n'eût pas été possible d'agir différemment sans entrer dans des détails multipliés, et les mouvements d'ensemble se fussent trouvés compliqués d'une manière fâcheuse, faussés souvent. Mais comme les prix de beaucoup de marchandises, tels que la commission des valeurs de douane les a déterminés, ont sensiblement varié, les bases de ces comparaisons ne sauraient être considérées comme étant d'une exactitude irréprochable.

Elles ne pourraient l'être qu'en rapprochant par périodes, pour chaque espèce de marchandise, les quantités des valeurs. C'est un travail que chacun peut faire et que nous nous proposons d'entreprendre ultérieurement, au point de vue particulier de nos différents commerces et industries.

Quant aux résultats généraux, ils ne seraient pas plus exacts, ils le seraient même moins, s'ils étaient présentés en *poids* plutôt qu'en valeurs. Quand il en est ainsi, cela ne peut guère servir que pour apprécier les mouvements de la navigation, et aussi l'importance des transports à l'intérieur.

I. MOUVEMENT GÉNÉRAL

Valeurs exprimées en millions et centaines de mille francs.

PÉRIODES	COMMERCE GÉNÉRAL		COMMERCE SPÉCIAL	
	Importations	Exportations	Importations	Exportations
Année 1859	2.355.»	3.057.»	1.641.»	2.266.»
Moyenne quinquennale de 1860 à 1864.	3.057.2	3.261.»	2.298.4	2.402.6

MOUVEMENT GÉNÉRAL (suite).

Valeurs exprimées en millions et centaines de mille francs (suite).

PÉRIODES	COMMERCE GÉNÉRAL		COMMERCE SPÉCIAL	
	Importations	Exportations	Importations	Exportations
Moyenne quinquennale de 1865 à 1869	3.934.2	4.003.4	2.984.»	2..992.»
Moyenne quinquennale de 1870 à 1874	4.190.3	4.203.»	3.413.4	3.384.9
Moyenne quinquennale de 1875 à 1879	4.921.7	4.421.3	3.993.3	3.459.1
Année 1880	6 113.»	4.612.3	5.033.2	3.467.9
— 1881	5.996.2	4.724 »	4.863.4	3.561.5
— 1882	5.961.9	4.764.»	4.821.8	3.574.4
— 1883	5.886.7	4.561.7	4.804.3	3.451.9
Les résultats provisoires de l'année 1884 sont de	»	»	4.526.»	3.550.1

Depuis 1860, beaucoup de marchandises qui ont été affranchies de droits entrent dans les comptes du commerce spécial, quoique toutes ne soient pas livrées effectivement à la consommation. Précédemment, ces marchandises, alors taxées à l'entrée, n'étaient reprises en totalité qu'au commerce général.

Celles d'entre elles qui étaient réexportées ne figuraient pas au commerce spécial. Pour ce commerce, les bases de comparaison avec les années antérieures, tant à l'entrée qu'à la sortie, ne sont donc plus semblables.

D'un autre côté, la perte de deux de nos plus belles provinces, survenue au commencement de 1871, et la guerre qui l'a précédée, ont puissamment contribué à atténuer les résultats constatés pendant la période quinquennale de 1870 à 1874.

Par contre, l'adjonction de la Savoie, en 1860, ne permettrait guère de comparer exactement, avec les périodes antérieures, la moyenne des années 1860 à 1864 et même celles de 1865 à 1869, lesquelles ont dû offrir des excédents sur ces périodes.

Dès lors, pour s'écarter le moins possible de la vérité dans l'appréciation des faits, il semble convenable de se borner à faire porter les comparaisons des dernières années écoulées, d'une part sur l'année 1859, de l'autre sur la moyenne quinquennale de 1875 à 1879.

De plus, il y aura lieu de défalquer du *commerce spécial* de ces dernières années, dans le premier cas, le chiffre des marchandises franches de droits et qui, en 1859, étaient encore taxées. Plusieurs espèces de marchandises ont même été affranchies pendant un certain nombre des années suivantes.

D'après un relevé formé par l'administration des douanes, le total des marchandises exotiques admises en franchise pendant l'année 1883, s'élèverait au commerce spécial à près de 2 milliards de francs, et celui des marchandises similaires exportées, à 600 millions environ.

Mais parmi celles-ci il y en a qui étaient de production nationale; le surplus semble pouvoir être évalué à 300 millions approximativement.

Sont compris dans ce relevé, à l'*entrée*, pour 330 millions de francs, de laines en masse; pour 251 millions, de soies; pour 205 millions, de coton; pour 184 millions, de peaux brutes; pour 157 millions, de graines et fruits oléagineux; pour 147 millions, de bois à construire, etc., etc.; *à la sortie*, pour 89 millions, de soies et 21 millions de bourre de soie; pour 71 millions, de peaux brutes; pour 39 millions, de coton; pour 29 millions, de graines à ensemencer; pour 29 millions aussi, de laines en masse; pour 16 millions, de bois à construire, etc., etc.

Les tableaux que nous croyons devoir placer ici présentent le mouvement des céréales et des vins pour la première et pour les dernières des périodes qui viennent d'être indiquées :

2. CÉRÉALES

Valeurs exprimées en millions et centaines de mille francs.

PÉRIODES	COMMERCE GÉNÉRAL		COMMERCE SPÉCIAL	
	Importations	Exportations	Importations	Exportations
Année 1859.	52.9	171.2	37.7	152.»
Moyenne quinquennale de 1875 à 1879.	467.3	190.9	400.7	127.8
Année 1880.	857.8	136.1	788.5	62.6
Année 1881.	584.5	163.6	519.9	95.3
Année 1882.	509.1	144.7	502.4	56.8
Année 1883.	467.2	123.1	375.»	57.6
Année 1884 (Chiffres provisoires).	»	»	395.»	45.»

3. VINS

Valeurs exprimées en millions et centaines de mille francs.

PÉRIODES	COMMERCE GÉNÉRAL		COMMERCE SPÉCIAL	
	Importations	Exportations	Importations	Exportations
Année 1859.	9.2	233.6	7.9	232.»
Moyenne quinquennale de 1875 à 1879.	54.7	233.2	49.7	227.7
Année 1880.	320.9	254.6	313.9	245.1
Année 1881.	375.7	264.2	363.9	252.8
Année 1882.	325.3	258 »	314.9	246.7
Année 1883.	382.7	244.7	376.6	236.5
Année 1884 (Chiffres provisoires)	»	»	340.»	237.»

D'après le tableau n° 1, les résultats de l'année 1883, quoique dépassant ceux de la moyenne quinquennale de 1875 à 1879, sont inférieurs aux résultats de chacune des années 1880, 1881 et 1882.

Cela tient en grande partie, pour ce qui a trait à l'importation, à ce que les récoltes ayant été meilleures ou plutôt moins mauvaises dernièrement en France, il est venu du dehors des quantités beaucoup moins considérables de céréales.

Cette cause n'est pas défavorable.

A l'exportation, ce sont les céréales, les vins et principalement les soies, laines et coton, les ouvrages en peau ou en cuir, la tabletterie, la bimbeloterie, les ouvrages en bois, etc., les confections, les fils de laine et de coton, les tissus de lin ou de chanvre et les articles divers de l'industrie parisienne qui ont diminué.

Comparativement à ceux constatés en 1859, les résultats de 1883 offrent une forte augmentation, tant au commerce spécial qu'au commerce général, même en défalquant du premier, pour cette dernière année, les marchandises taxées en 1859 et qui depuis ont été affranchies de droits.

Aussi les partisans déclarés de la liberté commerciale prétendent-ils que c'est aux mesures adoptées dans ce sens depuis 1860, qu'il faut attribuer la cause de ces résultats. Ils ne tiennent compte ni du développement progressif, normal en quelque sorte, qui, jusque dans ces derniers temps, n'a presque jamais cessé de se manifester dans les transactions internationales, ni de l'influence de nos récoltes plus ou moins mauvaises en vins et en céréales.

Depuis plusieurs années, l'infériorité de ces récoltes a eu pour effet de réduire sensiblement le chiffre des exportations, et d'augmenter, au contraire, celui des importations, de forts achats de céréales et de vins ayant dû être faits à l'étranger.

Autrefois, les importations de vins étaient insignifiantes, et celles de céréales n'avaient que par exception de l'importance; tandis que l'exportation des vins français en avait déjà beaucoup et que celle des céréales était souvent considérable.

Il s'est produit à cet égard, sauf en ce qui concerne l'exportation des vins, un très grand changement dont les causes ne sont malheureusement pas à rechercher.

Les conséquences du nouveau système économique adopté ne sont donc pas aussi satisfaisantes qu'elles le paraissent. Elles sont même loin de l'être en réalité; on peut s'en convaincre en examinant avec attention les faits dans leur parfaite exactitude.

Sans doute le mouvement commercial avec l'étranger s'est notablement développé; mais n'en eût-il pas été de même dans tous les cas?

Le plus grand nombre de ceux qui y ont pris

part en ont profité. Les consommateurs l'eussent pareillement trouvé avantageux peut-être, si ceux-là n'avaient pas voulu faire des bénéfices exagérés. La navigation nationale eût, d'un autre côté, pris de l'extension d'une manière favorable aux intérêts généraux ainsi qu'à ceux des constructeurs et armateurs français, si les transports ne s'étaient pas effectués de préférence par navires étrangers. Nous donnerons plus loin les chiffres comparatifs des pavillons qui ont couvert ces transports.

Mais, à l'exception des entreprises métropolitaines : roulage, messageries, chemins de fer, canaux, etc. ; des négociants, intermédiaires, marchands et de quelques industriels, nous nous demandons qui sont ceux que le développement commercial a réellement favorisés. Ce ne sont pas les consommateurs, qui payent presque tout plus cher qu'auparavant. Les ouvriers ont vu s'élever leurs salaires, c'est vrai ; en sont-ils plus riches ? Comme consommateurs, ils sont soumis à la loi commune, et leurs dépenses s'accroissent en même temps que leurs revenus. De nombreux fabricants et autres industriels, par suite du renchérissement de la main-d'œuvre et de la concurrence étrangère, malgré les nouveaux procédés que, sur beaucoup de points, ils ont adoptés, ont dû diminuer leurs productions que tout d'abord ils avaient augmentées outre mesure. L'agriculture, pour les mêmes causes, s'est vue contrainte à diminuer aussi les siennes, ce qui est extrêmement regrettable.

Le tableau qui suit présente le mouvement international comparatif, pour les périodes déterminées, des objets fabriqués qui ont le plus d'importance. Nous n'avons pas jugé indispensable d'indiquer aussi celui des marchandises classées à peu près généralement comme matières premières nécessaires à l'industrie. Nous nous bornerons à en faire connaître le chiffre quand il y aura lieu.

---

4. PRODUITS FABRIQUÉS. — COMMERCE SPÉCIAL

Valeurs exprimées en millions et centaines de mille francs.

DÉSIGNATION DES PRODUITS.	PÉRIODES.						
	ANNÉE	MOYENNE quinquennale de 1875-1879.	ANNÉES.				
	1859.		1880.	1881.	1882.	1883.	1884. (Résultats provisoires)
Importations.							
Machines et mécaniques	4.1	37.3	42.1	66.6	87.6	93.»	39.»
Tissus de laine	» »	72.5	79.1	77.»	84.3	91,9	91.7
Tissus de coton	» »	71.7	66.4	72.4	73.»	70.8	66.1
Tissus de soie et de bourre de soie	6.7	36.3	42.3	49.6	40.5	43.1	45.4
Peaux préparées	1.1	32.1	29.3	33.4	37.2	42.»	38.8
Fils de coton	1.3	41.8	31.3	37.4	37.3	40.6	41.2
Outils et ouvrages en métaux	1.»	13.7	18.2	25.8	35.1	32.1	29.9
Nitrate de soude et nitrate de potasse	5.4	25.4	8.»	17.6	25.2	28.8	25,9
Papier, cartons, livres et gravures	3.7	13.9	24.8	20.8	24.5	21.2	35.6
Fils de laine	» »	17.5	17.4	20.7	15.5	17.8	18.3
Chapeaux de paille, d'écorce, etc.	2.3	23.1	19.2	23.7	21.»	16.»	17.7
Fils de lin ou de chanvre	2.2	10.5	7.8	9.8	12.»	11.4	8.2
Nattes ou tresses de paille, etc.	3.8	14.8	18.1	17 »	15.1	9.1	11.5
Orfévrerie et bijouterie	».4	4.4	6.5	10.5	9.8	9.»	7.7
Ouvrages en peau ou en cuir	» »	3.4	5.2	6.1	9.2	7.6	6.9
Tissus de lin ou de chanvre	9.8	12.8	10.1	9.7	8.6	6 9	8.3
Horlogerie	5.1	2.5	3.4	3.2	5.6	5.7	5.5
Tabac fabriqué ou seulement préparé	2.8	4.8	4.7	2.9	4.»	4.»	4.3
Autres produits fabriqués (1)	11.9	77.2	165.3	179.3	229.6	217.4	141.8 (A)
TOTAUX	61.6	515.7	599.2	683.5	775.1	768.4	643.8 (A)

(1) De nombreux produits chimiques, des poteries, verres et cristaux, teintures préparées, compositions diverses, de la carrosserie, des embarcations, des ouvrages en caoutchouc ou gutta-percha, des fils, tissus et tapis de poils, etc., etc.

DÉSIGNATION DES PRODUITS.	PÉRIODES.						
	ANNÉE 1859.	MOYENNE quinquennale de 1875-1879.	ANNÉES. 1880.	1881.	1882.	1883.	1884 (Résultats provisoires).
			Exportations.				
Tissus de laine.	180.6	322.»	370.2	360.7	401.9	370.1	345.»
Tissus de soie et de bourre de soie.	499.9	282.3	234.3	245.1	289.7	301.2	262.4
Ouvrages en peau ou en cuir.	74.3	158.1	163.9	169.»	156.5	141.9	131.»
Tabletterie, bimbeloterie, mercerie, broderie, etc.	103.4	172.3	185,1	180.2	129.5	131.4	92.9
Peaux préparées.	56.1	86.1	92.1	100 2	103.5	106.»	109.9
Tissus de coton.	67.2	65.9	73.1	88.2	97 8	90.3	89.8
Outils et ouvrages en métaux.	42,1	67.3	66.2	70.6	66.7	83.8	76.6
Orfévrerie et bijouterie	15.1	57.5	54.7	68.»	66.3	81.6	75.»
Confections (lingerie et autres)	108.9	81.1	80.3	92.8	73.9	64.8	73.3
Produits chimiques.	32.7	50.3	56.7	58.8	65.6	63.3	68.3
Papier et ses applications.	32 4	52.7	54.9	55.6	52.3	52.7	47.6
Poteries, verres et cristaux	31.4	48.1	41.3	39.5	39.1	40.4	37.6
Modes et fleurs artificielles	10.5	35.»	32.4	45.6	38.5	36.2	27.6
Fils de laine.	5.9	35.1	49.3	38.1	39.9	34.6	33.9
Machines et mécaniques.	6.8	22.7	23.9	26.»	28.»	28.3	31.8
Extraits de bois de teinture.	».7	16.4	20.3	18 9	20.2	20.1	18.»
Tissus de lin ou de chanvre.	15.4	29.9	28.»	23.5	22.6	19.7	15.5
Horlogerie.	4.4	16.7	17.1	16.4	22.8	19.»	16.9
Médicaments composés	11.9	9.9	12.3	12.6	12.8	12.6	12.4
Couleurs.	9.2	10.6	11.2	9.4	9.1	9.2	9.»
Instruments de musique.	4.8	11.4	11.5	10.4	10.3	9.1	8.1
A reporter.	1.313.7	1.631.4	1.684.8	1.729.6	1.748.»	1.716.3	1.582.6

DÉSIGNATION DES PRODUITS.	PÉRIODES.						
	ANNÉE 1869.	MOYENNE quinquennale de 1875-1879.	ANNÉES.				
			1880.	1881.	1882.	1883.	1884. (Résultats provisoires).
			Exportations (*suite*).				
Report.	1.313.7	1.631.4	1.634.8	1.720.6	1.743.»	1.71[illegible].3	1.582.6
Objets de collection hors de commerce	2.2	13.5	14.»	12.5	14.»	8.6	10.2
Chapeaux de feutre, de laine et de soie	6.4	10.8	9.1	10.2	14.2	8.5	9.5
Parfumerie	13.8	7.3	7.9	7.6	7.8	8.3	8.8
Savons autres que ceux de parfumerie	6.8	9.4	8.3	9.5	8.5	7.5	7.4
Armes	8.1	6.8	8.5	5.1	2.1	5.3	4.4
Fils de lin ou de chanvre	1.»	7.2	6.»	5.2	4.4	4.2	6.2
Fils de coton	1.»	3.1	2.8	2.5	2.7	2.2	2.3
Bougies de toute sorte	4.5	3.6	1.7	1.7	1.9	1.9	2.9
Tabac fabriqué	».8	2.»	1.5	1.7	2.1	1.6	1.2
Articles divers de l'industrie parisienne	6.4	8.»	10.5	2.4	».9	».7	1.2
Autres produits fabriqués (1)	38.2	38.3	84.8	86.1	81.7	85.8	85.6
TOTAUX	1.402.9	1.741.4	1.839.9	1.874.1	1.888.3	1.880.9	1.722.3 (A)

(1) Tels que meubles et autres ouvrages en bois; sparterie, vannerie, etc., carrosserie, compositions diverses, embarcations, etc., etc.

(A) D'autres produits fabriqués seront à ajouter à ceux-ci. Le relevé n'en est pas encore fait.

De ce tableau il ressort que si, dans l'ensemble, l'exportation des produits fabriqués n'a pas pris toute l'extension désirable et, en dernier lieu, s'est affaiblie, l'importation de ces mêmes produits s'est, au contraire, sensiblement accrue, sauf peut-être pendant l'année 1884, ce qui toutefois n'est pas prouvé.

L'industrie nationale, à peu d'exception près, n'a donc pas à se féliciter des résultats constatés, et les partisans de la liberté commerciale doivent avoir de la peine à les expliquer à l'avantage de leur système.

Les pays qui nous ont envoyé le plus de produits fabriqués sont : l'Angleterre, la Belgique et l'Allemagne, et nos exportations à destination de ces pays n'en ont pas augmenté.

Les États-Unis d'Amérique nous ont aussi fait parvenir de plus grandes quantités de marchandises, en 1878, 1879, 1880 et 1881 surtout; mais ces marchandises se composaient en majeure partie de céréales, de coton en laine, de viandes et de graisses diverses. Ils n'ont pas reçu de nous, en échange, beaucoup moins de produits fabriqués que précédemment.

La manière dont il a été procédé dans ce pays, à la suite de l'effroyable guerre survenue entre le Sud et le Nord, est, par les résultats obtenus, une preuve de l'efficacité du régime protectionniste. L'industrie y était dans un état d'infériorité relative. Des droits élevés ont été établis sur un grand nombre de marchandises exotiques, et non seulement ils ont fourni des ressources importantes à l'État pour l'extinction de la dette considérable contractée pendant cette guerre, mais, en outre, l'industrie s'est étendue dans une large mesure. De remarquables perfectionnements y ont été introduits à la faveur de cette protection tutélaire, et elle peut actuellement rivaliser avec celle de la plupart des puissances européennes dont le pays devient de moins en moins tributaire.

Il nous serait facile de passer en revue nos différentes industries; de signaler celles qui ont profité et celles, plus nombreuses, qui ont souffert du prétendu libre-échange établi en France; d'indiquer aussi les moyens de remédier au mal dont ces dernières souffrent encore. Mais tel n'est pas notre but quant à présent; nous ne voulons nous occuper que de questions générales, et si nous croyons devoir appeler plus particulièrement l'attention sur la nécessité de protéger l'agriculture, c'est qu'il s'agit là d'un intérêt de premier ordre qui se trouve dans un péril imminent.

Quoi qu'on en ait dit et qu'on puisse dire, les céréales étrangères, qui font aux nôtres une concurrence désastreuse, doivent être frappées, à l'entrée pour la consommation, d'un droit assez élevé pour que celles-ci trouvent, sur nos marchés au moins, un prix de vente égal, sinon supérieur, au prix de revient.

L'importation des bestiaux doit de même être soumise à des taxes supérieures à celles actuelles; mais l'urgence n'existe pas ici au même degré.

Quant à la sortie des unes et des autres, pourquoi ne serait-elle pas assujettie pareillement à des droits? serait-ce seulement dans l'intérêt des producteurs ou pour éviter aussi d'entraver, par l'accomplissement de formalités de douane, les expéditions qui en sont faites par quelques points de nos frontières?

Au premier aperçu, ces expéditions, depuis l'établissement de nombreux chemins de fer, sembleraient n'avoir plus de raison d'être, puisque les produits auxquels elles se rapportent pourraient être dirigés facilement sur des marchés métropolitains, même éloignés. Les intéressés préfèrent les envoyer au dehors à cause sans doute des frais de transports moins onéreux qu'ils ont alors à supporter. Des modifications aux tarifs des chemins de fer y mettraient un terme.

Parmi les autres marchandises dont les droits d'entrée en France nous paraissent devoir être augmentés, nous citerons, comme denrées alimentaires, les légumes secs, œufs de volaille, viandes fraîches et salées, graisses, beurres, fromages, puis les vins, et, parmi les matières premières nécessaires à l'industrie, les soies, le lin, le chanvre, la laine, le coton, les bois, etc. Plusieurs de ces produits et d'autres encore, tels que les pommes de terre, devraient être pareillement frappés à la sortie de taxes propres à en amoindrir l'expédition à l'étranger.

Les matières premières sont évaluées actuellement à 2,398 millions de francs à l'importation et à 752 millions à l'exportation (commerce spécial dans les deux cas).

Les différentes mesures auxquelles il vient d'être fait allusion seront peut-être jugées susceptibles de ralentir le mouvement des échanges internationaux ; mais elles seraient utiles, et les agriculteurs, loin d'avoir à s'en plaindre, n'auraient qu'à se féliciter de celles concernant l'importation.

D'après notre système, ils seraient en outre dégrevés de la plupart des impositions qu'ils ont actuellement à payer. D'un autre côté, la suppression des octrois élargirait leurs débouchés, et la vie matérielle devenant plus facile pour tous, leurs frais de main-d'œuvre se trouveraient sensiblement diminués.

Ce qu'on ne devrait jamais perdre de vue, c'est que de toutes nos industries, l'agriculture est celle qui inspire le plus d'intérêt.

Par l'amélioration aussi des cultures et par l'emploi de machines ou d'autres procédés non encore généralement appliqués, elle atteindra sans doute un degré de perfectionnement qui

9.

lui permettra de livrer ses produits à bien meilleur marché.

Ce résultat obtenu, on pourra ouvrir toutes grandes les barrières, sans crainte de la concurrence étrangère.

En ce qui concerne spécialement les céréales, les droits, aussi bien à la sortie qu'à l'entrée, seraient, en attendant, fixes ou gradués selon la moyenne, par trimestre et selon des zones déterminées, des prix de vente à l'intérieur.

Mais, pour éviter d'entraver notre commerce avec l'étranger et afin de prévenir un renchérissement temporaire exagéré, cette espèce d'échelle mobile ne devrait être rétablie que dans des conditions modérées et n'entraînant jamais la prohibition. Les intérêts des consommateurs n'en seraient pas compromis, et elle faciliterait aux agriculteurs la vente de leurs produits, ce qu'ils ne peuvent plus faire avec bénéfice.

L'échelle mobile qui existait autrefois a été, selon nous, beaucoup trop décriée.

Une ligue, à la tête de laquelle se sont placés des hommes de grande réputation, s'est formée en vue du même but final que nous nous proposons, celui de faciliter la vie matérielle aux classes laborieuses principalement. Elle avait d'abord pris le nom de *ligue antiprotectionniste*. Elle est maintenant désignée sous celui de *ligue nationale contre le renchérissement du pain et de la viande*.

Pour atteindre ce but, elle voudrait, comme nous, voir diminuer les charges résultant, pour l'agriculture, de l'impôt foncier; mais elle n'indique pas comment il serait suppléé à la diminution de recettes qui s'ensuivrait. Puis, d'après elle, il faudrait abaisser les droits de douane sur *la majorité des objets nécessaires à l'agriculture,* ce qui est vague.

Surtaxer les blés et le bétail étrangers lui semblerait en quelque sorte une monstruosité, en ce sens qu'une semblable mesure aurait pour conséquence immédiate une augmentation du prix du pain et de la viande et une *diminution douloureuse mais inévitable de la consommation.*

Il était alors question de porter à 2 ou 3 francs par 100 kilogrammes le droit d'entrée sur les blés, lequel était de 60 centimes au tarif général et nul au tarif conventionnel. Le prix du blé ne devait en être augmenté que de 2 ou 3 centimes au plus par kilogramme. L'aggravation de celui de la viande ne semblait pas devoir être, hypothétiquement, plus sensible.

Les ouvriers agricoles, les plus nombreux de tous, auront encore moins que les autres à souffrir de ces surtaxes qui, en définitive, à très peu de différences près, ont été prononcées, car, sous le rapport de l'alimentation, ils échappent presque complètement à l'action des intermédiaires.

Nul n'éprouverait, au surplus, *les douloureuses*

privations dont il a été parlé, si des mesures efficaces, telles que l'établissement de nombreuses sociétés coopératives, étaient prises pour combattre les prétentions des spéculateurs, des meuniers, marchands de farine, boulangers et bouchers. Ceux-ci feraient alors des gains moins considérables, mais les consommateurs de toutes les classes n'auraient pas à se plaindre d'augmentations de droits dont les agriculteurs, eux, profiteraient, ainsi que cela est vivement à désirer.

On a dit que celles des puissances étrangères d'où il nous est envoyé le plus de grains et de bestiaux, useraient de représailles en mettant, de leur côté, des entraves à la sortie de ces produits ou à l'introduction dans leurs pays de nos propres produits agricoles et de nos produits manufacturés. Cela n'est guère à redouter : ces pays trouveraient un peu moins d'avantages peut-être à effectuer les mêmes expéditions, dans le cas invraisemblable où les intermédiaires continueraient de faire d'aussi grands bénéfices; mais y renonceraient-ils? C'est au moins douteux, car ils ne sauraient probablement pas comment disposer de leurs denrées s'ils se fermaient le débouché français, et souvent ils n'auraient pas un intérêt réel à surtaxer nos marchandises.

Cette espèce de *guerre de tarifs* n'est pas autant à craindre qu'on le pense trop généralement : de part et d'autre, on a intérêt à la prévenir en agissant de manière à froisser le moins possible les intérêts réciproques.

Les promoteurs de la ligue *contre le renchérissement du pain et de la viande* demandent notamment, dans l'intérêt de l'agriculture, une diminution des droits d'entrée sur les machines dont elle a besoin. Cela serait préjudiciable aux fabricants nationaux qui peuvent, aussi bien que les fabricants étrangers, confectionner ces machines. Ajoutons qu'il en vient déjà du dehors pour 6 millions de francs environ, aux droits de 5 et 6 francs les 100 kilogrammes.

Cette ligue est, à notre avis, dans une mauvaise voie. Elle exagère outre mesure les faits, auxquels, s'ils étaient prouvés, elle n'apporterait pas un remède efficace.

Nous n'ignorons pas que les traités de commerce conclus avec plusieurs puissances étrangères, et qui leur accordent généralement le traitement de la nation la plus favorisée, s'opposeraient à l'adoption *immédiate* de plusieurs des dispositions dont il vient d'être ou dont il va être question. Mais ces traités ne doivent avoir qu'une durée très limitée. Ils seraient dénoncés à l'expiration des délais convenus, et nous reprendrions alors toute notre liberté d'action.

D'après les effets constatés, ils ne nous ont pas été avantageux.

Le *libre-échange* devait avoir, disait-on, pour résultat principal de procurer à la population la faculté de vivre à bon marché. Ce résultat a-t-il été obtenu ? Nous en appelons aux faits, et nous en faisons juges ceux qui, depuis vingt-cinq ans, ont vu leurs positions particulières s'amoindrir.

Les moyens employés ne sont donc pas satisfaisants et le système pèche par la base.

Nous nous proposons aussi, comme on le sait, de faciliter l'existence à tous; mais nous ne voudrions pas, pour cela, voir sacrifier les intérêts de nos agriculteurs en laissant entrer à peu près librement en France des produits similaires aux leurs. Il nous semble, au contraire, qu'ils doivent être surtout défendus par l'établissement de droits protecteurs ou compensateurs, et, nous le répétons, les consommateurs n'auraient pas à en souffrir si les charges qui pèsent sur l'agriculture étaient en même temps allégées. Elle pourrait alors ne pas élever ses prix de vente, et même les abaisser.

D'un autre côté, quel inconvénient y aurait-il à frapper d'un droit d'entrée modéré les laines, les lins, les chanvres et les soies? Eu égard à la valeur intrinsèque de ces matières premières, les objets qu'elles servent à fabriquer n'augmenteraient pas sensiblement de prix.

Ces diverses taxations cesseraient d'exister au moment où l'application des mesures proposées en faveur de l'agriculture aurait produit tous les effets désirables et attendus; en d'autres termes, quand elle serait parvenue, à l'aide de ces mesures, et par le perfectionnement des procédés de culture, à se placer dans des conditions telles qu'elle pût soutenir, sans désavantage sur aucun point, la concurrence étrangère.

Elles fourniraient, en attendant, à l'État de nouvelles ressources pécuniaires auxquelles viendrait s'ajouter le revenu des droits relevés sur plusieurs espèces de fabrications exotiques, d'une taxe nouvelle sur les cotons et du rétablissement de quelques-unes de celles qui portaient autrefois, à la sortie, sur beaucoup des productions naturelles nécessaires pour l'alimentation ou pour l'industrie, et qu'il était jugé utile de conserver en France.

Aux époques où il n'existait pour ainsi dire pas de traités de commerce, les transactions internationales n'en avaient pas moins pris une importance progressive très sensible. Tout permet de croire que le mouvement ascensionnel ne s'arrêterait pas, si l'ancien état des choses sous ce rapport était rétabli.

Voici, au surplus, le relevé, pour un certain nombre d'années, des importations et exportations réunies de marchandises (commerce général), du chiffre de la population et de celui des métaux précieux importés, défalcation faite des mêmes métaux exportés.

PÉRIODES.	IMPORTATIONS et EXPORTATIONS réunies de marchandises. (Commerce général.)	POPULATION.	OR ET ARGEN introduits en France. (Commerce spécial.)
	Nombres et valeurs exprimés par millions et centaines de mille.		
Année 1850.	2.555	35.7	94
— 1851.	2.614	35.8	165
— 1852.	3.072	36.»	17
— 1853.	3.749	36.1	169
— 1854.	3.758	36.2	284
— 1855.	4.327	36.2	23
— 1856.	5.399	36.1	93
— 1857.	5.328	36.3	89
— 1858.	4.725	36.4	475
— 1859.	5.412	36.4	370
Moyenne quinquennale de 1860 à 1864.. . .	6.318 2	37.4	36
Moyenne quinquennale de 1865 à 1869.. . .	7.937 6	37.9	408
Moyenne quinquennale de 1870 à 1874 . . .	8.393 3	36.5	174
Moyenne quinquennale de 1875 à 1879.. . .	9.343	37.5	421
Année 1880.	10.725.3	27.5	»
— 1881.	10.720.2	37.7	»
— 1882.	10.725 9	Chiffres approximatifs. 37.8	»
— 1883.	10.448.4	37 9	»

NOTA. — Pendant les quatre années 1880, 1881 1882 et 1883, il y a eu un excédent d'exportation de 228 millions de métaux précieux; soit, pour chacune de ces quatre années, en moyenne, de

57 millions. Cela s'explique en grande partie, pour les trois premières du moins, par l'excédent des importations de céréales, de vins et d'autres marchandises.

Dans la période de trente-quatre ans, de 1850 à 1883, il a été introduit en France pour 6 milliards près de 800 millions de ces métaux précieux, sans compter ceux apportés par les voyageurs et non déclarés à la douane, lesquels ont dû avoir quelque importance. La quantité de numéraire qui circulait antérieurement dans le pays peut être considérée comme ayant triplé.

Le rapprochement des chiffres du tableau qui précède fournira les moyens d'établir des rapports proportionnels entre la progression des transactions internationales, celle de la population et de l'importation des métaux précieux, pour chacune des périodes qui y sont indiquées.

En prenant pour termes de comparaison les années 1859 et 1883, on voit que le mouvement commercial extérieur s'est accru de 5,036 millions de francs, la population de 1,500,000 âmes environ.

La progression avait été plus forte encore, proportionnellement, de 1850 à 1859, en ce qui concerne les transactions internationales et l'importation des métaux précieux qui, pour 1883, a fait défaut.

Mais il n'en a pas été de même relativement à la population, si l'on s'en rapporte aux relevés publiés.

Sans nous engager dans les détails des faits

d'ensemble ainsi constatés, nous allons indiquer les mouvements de la navigation, en distinguant seulement celle qui s'est effectuée sous le pavillon français de toutes les autres réunies. Nous ne ferons mention, bien entendu, que de la navigation avec l'étranger, en laissant de côté l'intercourse entre la Métropole et nos colonies, ainsi que les pêches maritimes.

Le relevé ci-après a été formé en conséquence.

5. TONNAGE DES NAVIRES CHARGÉS (1)

Quantités exprimées par 1.000 *tonneaux.*

PÉRIODES.	NAVIRES français.	NAVIRES étrangers.
Moyenne décennale de 1847 à 1856..	1.293	2.552
— — de 1857 à 1866..	2.485	4.342
Année 1867	3.087	6.346
— 1868	3.096	6.437
— 1869	3.071	6.790
— 1870	2.769	6.815
— 1871	2.533	6.824
— 1872	3.086	7.401
— 1873	3.241	7.946
— 1874	3.385	8.286
— 1875	3.416	8.587
— 1876	3.573	9.062
— 1877	3.717	9.052
— 1878	3.805	10.531
— 1879	3.928	11.488
— 1880	4.514	12.384
— 1881	5.076	12.147
— 1882	5.365	12.722
— 1883	6.020	13.477

(1) Il s'agit ici du tonnage *légal* des navires, c'est-à-dire de celui que constate la jauge officielle.

Il ne nous a pas paru inutile de donner, à la suite de ce tableau, un aperçu du tonnage *réel* des navires, en d'autres termes, du *poids* des marchandises transportées; le voici :

6. TONNAGE RÉEL DES NAVIRES CHARGÉS

Quantités de marchandises exprimées par 1.000 *tonnes de* 1.000 *kilogrammes.*

PÉRIODES.	NAVIRES français.	NAVIRES étrangers.
Moyenne décennale de 1857 à 1866. .	2.851	3.543
Année 1867.	3.266	5.519
— 1868.	3.280	6.166
— 1869.	3.163	5,972
— 1870.	2.995	6.226
— 1871.	2.815	5.965
— 1872.	3.647	6.365
— 1873.	3.975	6 697
— 1874.	3.990	6.920
— 1875.	3.759	7.561
— 1876.	4.049	8.459
— 1877.	12.040	
— 1878.	13.136	
— 1879.	15.038	
— 1880.	16.534	
— 1881.	15.524	
— 1882.	16.681	
— 1883.	17.218	

En général, le tonnage *réel* est, dans une assez forte proportion, inférieur au tonnage *légal* des navires.

Les exceptions les plus importantes concernent le transport des charbons de terre et des minerais de fer.

C'est ce qui explique les différences existant entre les deux tonnages en sens inverse pour le pavillon français et pour le pavillon étranger.

Nous avons dit que la législation adoptée en 1861, en prononçant, quant aux taxations à l'entrée dans nos ports, l'assimilation des pavillons, avait eu pour conséquence de nuire sensiblement aux armateurs et constructeurs français. Sur plusieurs points, en effet, ils ont dû restreindre, cesser même parfois leurs opérations.

Dans le cas où l'ancien droit de tonnage sur les navires étrangers *chargés* serait rétabli, on n'aurait pas à craindre que les nôtres eussent beaucoup à souffrir, par représailles, d'une imposition analogue dans les ports où ils introduisent des marchandises ; car ils n'ont relativement que peu de transports de l'espèce à effectuer. La France offrant moins que d'autres pays des frêts de sortie, nos navires apportent plus de marchandises qu'ils n'en exportent.

Les chiffres comparés de l'*effectif* de notre marine marchande ne laissent subsister aucun doute sur la situation critique dans laquelle elle était tombée; les voici depuis 1859 :

	NOMBRE de navires	TONNAGE
		tonneaux.
Il y avait à la fin de l'année 1859. . .	15.032	1.025.942
— — — 1869. . .	15.704	1.072.306
— — — 1879. . .	15.033	932.853
— — — 1880. . .	15.058	919.298
— — — 1881. . .	15.126	914.373
— — 1882. . .	15.200	933.017
— — — 1883. . .	15.222	1.003.679

Du moment qu'il n'y a pas eu accroissement dans l'effectif, au contraire, et cela en présence du développement du commerce extérieur, on peut dire que nos constructions navales sont ou étaient, naguère encore, en péril, et que les industries qui s'y rattachent n'ont pas prospéré; l'état d'inertie dans lequel les unes et les autres se trouvaient, là où précédemment elles avaient le plus d'activité, c'est-à-dire dans quelques-uns de nos principaux ports de commerce, en est une preuve évidente.

Mais les sacrifices importants faits depuis quelque temps par l'État, en faveur de la marine marchande, commencent à porter de bons fruits; ils ont eu pour effet d'améliorer un état de choses qui devenait inquiétant : une reprise se manifeste dans les transports sous pavillon français et dans les autres industries spéciales; c'est ce qui ressort des faits constatés en 1883 et aussi, nous le croyons, en 1884.

En résumé, les résultats du commencement d'application du *libre-échange*, tel qu'il a été pratiqué jusqu'à présent, n'ont été avantageux ni au pays ni aux particuliers. Les spéculateurs, quelques catégories d'industriels et les marchands ou intermédiaires, seuls, y ont trouvé des bénéfices. Le travail national a profité sans doute aussi du développement des affaires ; mais il se fût trouvé vraisemblablement dans les mêmes conditions si le régime économique n'avait pas été changé. Nous avons vu que la progression proportionnelle des transactions internationales a été au moins aussi grande de 1850 à 1859, années qui ont précédé ce changement, que pendant la plupart des périodes qui l'ont suivi.

Le moment semble donc venu de cesser une expérience qui n'a pas réussi et de revenir, en tout ou en majeure partie, au système préexistant.

Telle est notre conclusion

DE LA PROSPÉRITÉ PUBLIQUE ET DU BIEN-ÊTRE DES POPULATIONS

Dans les chapitres précédents, nous avons cherché à démontrer que c'est par d'autres moyens que ceux adoptés qu'il sera possible d'atteindre complètement le double but qui fait le titre de celui-ci.

Nous ne partageons, cependant, pas l'opinion de ceux qui disent que tout va mal dans l'État, et que les populations éprouvent de grandes souffrances. Loin de nous une telle pensée!

En matière politique aussi bien que dans les questions financières et économiques, des fautes ont été commises ; cela n'est plus guère douteux.

Les mesures adoptées, dans certaines circonstances, par le gouvernement ou d'après ses propositions, ont, à bon droit, nous le croyons, été jugées blâmables. Dans tous les cas, elles ont été l'objet de vives critiques, parfois, il faut le dire, plus passionnées que raisonnées : ce ne sont pas seulement ses actes, qui ont été mis en cause; on lui a souvent attribué des motifs inavouables; on a attaqué violemment ses intentions, et il a été accusé de choses mauvaises dont il n'était pas l'auteur.

En s'écartant ainsi de l'exactitude sur plusieurs points, on a dépassé le but, et la plupart de ces imputations ont manqué de force, du moins pour les esprits impartiaux qui recherchent avant tout la vérité et ne jugent qu'au point de vue de la raison.

Si les guerres lointaines, entreprises sans causes suffisantes et continuées d'une manière défectueuse, sont critiquables, de même que les espèces de persécutions exercées contre des défenseurs de la religion, et d'autres mesures encore, il ne s'ensuit pas que le gouvernement doive être responsable de tout ce qui porte atteinte ou préjudicie à des intérêts respectables. Les crises de diverses sortes qui se manifestent depuis quelque temps, proviennent, ou d'événements de politique extérieure, ou de complications d'affaires commerciales et industrielles, ou de mauvaises récoltes.

La dernière cause au moins était indépendante de sa volonté. Mais il n'en a pas été tout à fait de même des deux autres, et les crises financières eussent pu être évitées en restreignant plus qu'on ne l'a fait les dépenses de l'État.

Un des plus grands torts des gouvernements qui se sont succédé depuis 1860 a été, cela ne nous paraît pas contestable, d'avoir méconnu les véritables intérêts de l'agriculture. L'état de malaise dans lequel elle est tombée a réagi sur la prospérité publique en général : les fermiers, plutôt sans doute par impossibilité réelle que par mauvais vouloir, ne payant plus ou payant mal, les propriétaires, privés de leurs revenus, ont dû restreindre leurs dépenses, et, par suite, beaucoup *d'affaires* ont été entravées d'une manière fâcheuse. Les crises industrielles et commerciales actuelles proviennent en partie de là, si nous ne nous trompons.

Quoi qu'il en ait été à ces divers égards, la situation dans l'ensemble n'est pas aussi mauvaise qu'on se plaît à le dire. Malgré l'infériorité de nos récoltes en vins et en céréales ; malgré l'invasion de maladies épidémiques qui ont mis des entraves à nos exportations de marchandises repoussées sur plusieurs points à l'étranger, et le départ de ceux qui craignaient ces maladies; malgré les catastrophes financières résultant d'opérations insensées faites par deux grandes compagnies constituées dans un but peu connu généralement; malgré la conduite de nombreux particuliers qui, par appréhension d'événements imaginaires ou pour tout autre motif, s'abstiennent de prendre part à des opérations quelconques et de faire des dépenses, n'employant pas leur argent ou l'expédiant hors de France; malgré tout cela, la prospérité de l'État n'en existe pas moins. Elle n'atteint pas, évidemment, le degré qu'elle avait il y a quelque temps, mais elle peut encore être considérée comme assez satisfaisante.

Des explications sont ici nécessaires.

Pendant les années 1875 à 1881, il a été réalisé des excédents de recettes, non prévus, qui, en totalité, se sont élevés à plus de 658 millions, y compris 22 millions provenant du compte dit de liquidation; savoir: en 1875, plus de 78 millions; en 1876, 98 millions; en 1877, 64 millions; en 1878, 62 millions; en 1879, 96 millions; en 1880, plus de 130 millions, et, en 1881, 107 millions.

Par suite, d'importantes réductions d'impôts ont été successivement opérées; peut-être trop hâtivement. En outre, on est entré dans une voie de dépenses exagérées et qui toutes n'étaient pas non plus d'une urgence très grande.

Le présent a été sacrifié à l'avenir.

Nous ne devons pas omettre, cependant, de rappeler qu'il figure dans ces dépenses, des augmentations de traitement accordées à l'armée et aux petits fonctionnaires, ainsi que des accroissements de pensions de retraite dont profitent d'anciens militaires ou les veuves de ceux qui, parmi eux, y avaient droit. Ce sont là des mesures philanthropiques auxquelles on ne peut qu'applaudir.

Mais, comme depuis, au lieu d'excédents, des déficits ont été constatés, qu'il en sera de même en 1884 et probablement en 1885, les adversaires des institutions actuelles profitent de ces fâcheuses circonstances pour se livrer à de violentes récriminations et à des prédictions sinistres. Ils ne tiennent pas compte des compensations antérieures et encore moins des faits accidentels, tels que ceux que nous venons d'indiquer, y compris la guerre avec la Chine, qu'il n'eût peut-être pas été possible d'éviter.

Malheureusement, leurs accusations, leurs prétendues craintes sont admises, partagées trop facilement par d'autres gagnés réellement par la peur, et plus elles se propagent, plus elles sont empreintes d'exagération. On en arrive à dire que nous sommes sur la pente qui conduit aux abîmes ; que ne dit-on pas?

Nous avons déjà exposé que nos relations avec l'étranger étaient relativement bonnes.

Notre commerce extérieur n'est en souffrance que pour des causes qui peuvent être considérées comme à peu près générales. La plupart de nos industries sont de même, en ce moment, dans une situation critique, on ne saurait le méconnaître ; mais il en est ainsi dans presque tous les pays d'Europe. Partout se révèle un excès de production manufacturière : les débouchés, fermés en partie par les concurrences réciproques, même par celle inattendue des États-Unis d'Amérique, ne laissent plus suffisamment de place pour les produits fabriqués. Ceux-ci restent sans emploi, forment des stocks considérables et la fabrication s'arrête ou se restreint. Ce qu'on appelle *l'industrie du bâtiment* éprouve surtout un fâcheux contretemps qui provient de l'excès des constructions antérieures plutôt encore que de la stagnation des affaires en général.

De là, diminution ou absence de travail pour beaucoup d'ouvriers qui, en France au moins, ne cherchent pas à se créer d'autres moyens d'existence en s'occupant, par exemple, de travaux agricoles.

La nécessité de nouveaux débouchés s'est imposée à peu près généralement aux puissances européennes. A cet effet, elles cherchent à se pourvoir le plus possible de colonies ou bien à agrandir celles qu'elles possèdent déjà : la France veut s'étendre au Tonkin, en Tunisie et au Congo; l'Angleterre, dans l'Inde et ailleurs; l'Allemagne projette de s'établir sur les côtes d'Afrique et dans l'océan Pacifique; l'Italie elle-même, dans la Tripolitaine et sur les bords de la mer Rouge.

Comme, d'un autre côté, l'ouverture du canal de Panama aura pour conséquence d'augmenter, en les activant, les opérations de commerce avec les pays situés dans les mers du Sud, les crises seront conjurées, en supposant qu'elles ne l'aient pas été déjà ; la prospérité publique renaîtra complètement, s'accroîtra même si l'agriculture et d'autres industries sont l'objet des faveurs réclamées pour elles, et la situation des finances publiques s'améliorera sensiblement.

A la suite de la révolution de 1848, les partis vaincus, hostiles par conséquent à la République de l'époque, ont suivi une marche analogue à celle que semblent vouloir adopter les réactionnaires de notre temps. Ceux-là ont réussi : après avoir tenté d'affaiblir, d'appauvrir le pays et de décourager les populations, ils se sont jetés avec elles dans les bras d'un *sauveur*. Ceux-ci auraient plus de peine à obtenir un semblable résultat : d'abord, le numéraire existant dans la nation est trop abondant pour qu'il fût possible d'en faire *le vide*, ainsi que cela a eu lieu pendant les deux ou trois années qui ont suivi 1848; ensuite, comment remplaceraient-ils ce qu'ils auraient détruit? Le nouvel état de choses, quel qu'il fût, durerait-il longtemps? Qu'arriverait-il après? Pour n'avoir pas voulu d'un régime modéré, tolérant, acceptable en définitive par tous, sauf à l'améliorer sur les points où il laisse encore à désirer, ils s'exposeraient, faute de prévoyance, à tomber dans une république violente, cruelle, impitoyable peut-être si elle venait après le rétablissement temporaire de la monarchie.

Non seulement le commerce extérieur de la France n'a pas beaucoup perdu comparativement au passé, mais les finances de l'État elles-mêmes ne sont pas dans une situation aussi déplorable qu'on le prétend. Il n'aurait donc pas été fait de trop mauvaise politique jusqu'à présent.

Les dépenses du budget ordinaire, quelles que soient les limites dans lesquelles elles paraissent devoir être désormais renfermées, dépassent, il est vrai, depuis quelque temps, les recettes; mais les déficits, quoique assez considérables, n'ont pas l'importance qui leur a été attribuée. Nous allons indiquer les faits par des chiffres que chacun pourra vérifier, car il ne nous est pas possible d'admettre, que, par ignorance, mauvaise foi ou seulement par l'influence de l'esprit de parti, on dise que les documents officiels publiés sont inexacts.

A notre avis, il convient de prendre, pour termes de comparaison, non les prévisions plus ou moins fantastiques des budgets, mais bien les réalisations telles qu'elles ressortent des comptes

10.

des finances, définitifs pour les années écoulées depuis un certain temps, et approximatifs pour les exercices non encore *réglés*.

D'après le compte de 1876 (p. 658 et 659), le montant *net* des découverts des budgets, jusques et y compris l'exercice 1851, était de 655 millions environ (655,416,014 fr. 59). Il a été augmenté de 17,334,883 fr. 26 pour diverses causes consignées dans la loi portant règlement de l'exercice 1877, et élevé à près de. . . . . 673 millions

Les découverts de 1852 à 1869 ont été de . . . . 53 —

Ceux de 1870 à 1874, de 83 millions, déduction faite du capital des rentes 5 o/o remises aux déposants des caisses d'épargne, et d'une partie de l'excédent de recette du budget de 1875, ci. . . . . 83 —

Ce qui portait à. . . . . 809 millions
le total des découverts, tel qu'il a été arrêté au compte général des finances de 1880 (p. 793).

Il faut y ajouter la somme de . . . 285 —
dont le Trésor était créancier au 1er janvier 1883, sur l'ensemble des comptes pour services spéciaux.

Le total des avances du Trésor était donc de . . . . 1.094 millions

Ces avances ont été couvertes au moyen de ressources extraordinaires.

On a vu que, de 1875 à 1881, il y a eu, comparativement aux dépenses, des excédents de recettes qui ensemble se sont élevés à 658 millions.

Les exercices 1878 à 1884 en ont bénéficié. Ces

excédents ont servi, d'une part, à balancer les diminutions provenant de la réforme postale et télégraphique ainsi que des dégrèvements sur les vins et sur les sucres (239 millions) ; d'autre part, à titre de garantie d'intérêts et pour annuités au chemin de fer de l'Ouest ; puis, comme subvention à la caisse des chemins vicinaux et à celle des lycées, collèges et écoles primaires ; à la dotation des caisses de retraite de la vieillesse et des sociétés de secours mutuels ; à couvrir les frais de l'expédition et d'occupation de la Tunisie, etc.

Toutefois, il existe là une espèce de fiction que nous devons signaler. Les excédents en question ont été compris successivement, depuis 1878, par fractions plus ou moins considérables, dans les recettes annuelles. Les résultats de chacun des exercices suivants en ont été augmentés. Le chiffre de 658 millions qu'ils présentent et qui est entré dans ces recettes n'existe donc plus.

Une autre marche n'eût évidemment pas pu être adoptée sans faire naître des déficits imaginaires, ou sans grossir à tort ceux qui se sont produits à partir de l'année 1882. Ceux-ci sont incontestables, quoique le montant exact ne puisse pas encore en être déterminé.

Ils doivent être attribués non seulement, par réaction, à l'effet des augmentations antérieures et aux dégrèvements de taxes importantes, mais aussi et surtout à l'aggravation des dépenses. Ces déficits, ceux connus jusqu'à présent du moins, s'élèvent ou s'élèveront à 42 millions en 1882, à 85 millions en 1883 et à 139 millions en 1884.

Les recettes opérées depuis 1875, ou figurant comme telles dans les documents budgétaires, ont été :

En 1875, de.	2.705	millions.
» 1876 »	2.778	—
» 1877 »	2.796	—
» 1878 »	3.171	—
» 1879 »	2.966	—
» 1880 »	2.957	—
» 1881 »	2.988	—
» 1882 »	2.980	—
» 1883 »	3.034	—
» 1884 »	3.025	—

En fait, le produit des impôts conservés n'a pas éprouvé le grand affaiblissement dont on entend parler de tous côtés.

Ce qui a pu induire en erreur sur ce point la plupart des personnes qui se plaisent à le dire ou à le répéter, c'est la manière dont plusieurs de nos budgets ont été établis : il y avait été inscrit *comme prévisions* et à titre de ce qu'on a appelé *majoration*, des sommes considérables que, finalement, les recettes n'ont pas atteintes.

Les pouvoirs législatifs, se fondant sur ces indications trompeuses, ont cru pouvoir sans inconvénient autoriser des dépenses équivalentes : telle a été en grande partie la cause des déficits constatés pendant les dernières années.

Dans l'ensemble, les dépenses se sont notablement élevées : de 2,627 millions en 1875, elles ont présenté les chiffres de 3,023 millions en 1882 ; 3,120 millions en 1883 et 3,164 millions en 1884. (Ces derniers chiffres ne sont pas encore définitifs.)

Nous n'avons fait mention, jusqu'à présent, à peu près exlusivement que du budget *ordinaire*. Il nous faut maintenant appeler l'attention sur le budget *extraordinaire*, celui qui n'est en quelque sorte alimenté que par des ressources spéciales.

C'est ici surtout qu'il a été procédé avec plus de légèreté encore que d'imprévoyance. Les dépenses, qui n'y sont pas compensées par le produit des impôts, ont été exagérées outre mesure, et l'on a dû avoir recours, sous différentes formes, à des empunts répétés ; ce qui, en inquiétant le pays, a puissamment contribué à jeter le trouble dans les affaires privées. On a vu ou cru voir là une mauvaise direction donnée aux finances de l'État, et peu s'en est fallu que la confiance ne disparût entièrement. Il était temps d'entrer dans une voie meilleure.

Le budget extraordinaire, dont la nécessité ne nous est pas démontrée, et qui, à notre avis, ne devrait plus faire qu'un avec le budget ordinaire, afin d'éviter toute complication, toute confusion, comprend principalement de grands travaux publics ainsi que des dépenses accidentelles pour la guerre et la marine.

Sans remonter plus haut, celui de 1879 se soldait, en recette et en dépense, à la fin de cette année, par 285 millions de francs.

Les recettes provenaient, pour 32 millions, du report d'une partie du produit de la négociation des obligations trentenaires, faite en 1877; pour 94 millions, du reliquat de l'emprunt de près de 440 millions, contracté en 1878, en rentes 3 o/o amortissables; pour près de 108 millions, d'une partie de l'emprunt d'un milliard émis au commencement de 1881, en rentes semblables, et, pour plus de 51 millions, du produit net des fonds de concours versés pour travaux publics extraordinaires.

Les dépenses ont été presque en totalité effectuées par les ministères de la guerre (41 millions) et des travaux publics (238 millions).

En 1880, les dépenses se sont élevées à 479 millions et demi.

Elles ont été couvertes par le report d'une partie de l'emprunt de 1878	22 millions 1/2
Par un prélèvement sur le prêt de 80 millions fait par la Banque de France.	8 — 1/2
Par une partie de l'emprunt d'un milliard contracté en 1881	391 — 1/2
Par une partie du capital provenant de la consolidation de la dette flottante.	7 —
Et par le produit *net* des fonds de concours versés pour travaux publics extraordinaires.	50 —
SOMME égale. . .	479 millions 1/2

Dans les dépenses sont compris les travaux publics, pour plus de 346 millions; la guerre, pour 108 millions, et la marine, pour plus de 19 millions.

En 1881, c'est à près de 708 millions que se sont élevées les dépenses; savoir : pour les travaux publics, 522 millions; pour la guerre, 135 millions; pour la marine, près de 24 millions; pour les postes et télégraphes, 11 millions, et pour l'instruction publique, près de 9 millions, etc.

Y ont fait face :

Un prélèvement sur le produit de l'emprunt de 1881	354 millions 1/2
Un prélèvement sur le prêt de la Banque de France	8 — 1/2
Et les ressources alors attendues de la consolidation de la dette flottante. .	344 — 1/2
ENSEMBLE. . .	707 millions 1/2

Le budget extraordinaire de 1882 comprend, en recette et en dépense, 765 millions et demi.

Ils provenaient :

D'un prélèvement sur les ressources de la deuxième partie du compte de liquidation. . . .	40 millions 1/2
D'un prélèvement sur le prêt de la Banque de France.	10 —
D'une partie du produit de la consolidation de la dette flottante	614 — 1/2
Et d'un prélèvement sur l'emprunt d'un milliard de 1881	100 — 1/2
	765 millions 1/2

Les travaux publics ont alors coûté près de 537 millions; la guerre, 169 millions; la marine, plus de 31 millions; l'instruction publique, 10 millions, et les postes et télégraphes, près de 11 millions.

La situation des budgets de 1883 et 1884 doit être considérée comme provisoire. Plusieurs des budgets précédents, qui ne sont pas *réglés* non plus, éprouveront aussi, selon toute apparence, des modifications; mais elles seront moins importantes que celles à faire à ceux-là.

Les dépenses de 1883 sont évaluées à plus de 493 millions : pour les travaux publics, 380 millions; pour la guerre, 81 millions et demi; pour l'instruction publique, près de 19 millions, et pour les postes et les télégraphes, 11 millions et demi. La marine n'y figure que pour un peu plus de 2 millions seulement.

Elles seront couvertes par :

Un prélèvement sur la deuxième partie du compte de liquidation.	16	millions	1/2
Un prélèvement sur le produit de l'emprunt d'un milliard (1881). . . .	45	—	1/2
Un prélèvement sur le prêt de la Banque de France.	18	—	1/2
Un prélèvement sur le produit de la consolidation de la dette flottante. . .	234	—	
Les remboursements des compagnies de chemins de fer à titre de garantie d'intérêts	85	—	
Et les ressources de la dette flottante .	93	—	1/2
Soit.	493	millions.	

En ce qui concerne les budgets de 1882 et 1883, les chiffres viennent d'en être rectifiés et profondément modifiés. Par une sorte d'interversion, ceux du premier ont été diminués de plus de 100 millions, et ceux du second, augmentés, au contraire, d'une somme à peu près égale, un peu plus forte même; mais ils ne sont pas encore définitifs. Nous n'y changerons rien, quant à présent.

Les dépenses prévues au budget de 1884 sont de 136 millions et demi pour les travaux publics, de 110 millions pour la guerre; de plus de 7 millions et demi pour la marine, et de 3 millions pour les postes et télégraphes; en tout de 257 millions.

Si l'on s'en rapporte aux nouvelles indications fournies (projet de budget de 1886), elles seront augmentées de 40 millions environ.

Aux termes de la loi du 30 janvier de la même année (1884), des rentes 3 o/o amortissables devaient être négociées afin de pourvoir à ces dépenses et à l'insuffisance des voies et moyens affectés au budget de 1883. Depuis, un emprunt de 350 millions a été contracté à cet effet.

On ne peut pas encore savoir quelle sera, en fin de compte, la situation de l'un et de l'autre de ces deux exercices. La guerre avec la Chine a dû avoir pour conséquence un notable accroissement des dépenses.

Pour le même motif, on ne saurait non plus connaître, même approximativement, quel sera le montant du budget extraordinaire de 1885.

Quoi qu'il en doive être à l'égard de ce dernier budget, il aura été dépensé, pendant les six années qui se sont écoulées de 1879 à la fin de 1884, d'après les prévisions dont plusieurs restent à réaliser, *plus de trois milliards de francs* sur ressources spéciales.

La compensation à ces énormes sacrifices consiste principalement dans la construction de nombreuses lignes de chemins de fer (10,000 kilomètres ou à peu près), de canaux importants, et dans l'amélioration d'autres canaux, de ports et rivières; tous travaux utiles sans aucun doute et qui deviendront de plus en plus productifs et avantageux aux particuliers comme au pays en général. Toutefois, nous eussions préféré y voir apporter moins de précipitation.

Un temps d'arrêt se manifeste, heureusement, dans les dépenses; tout semble l'indiquer du moins, et, par suite des économies qui plus tard seront faites de différents côtés, ainsi que de l'accroissement probable du produit des impôts, il sera remédié aux graves inconvénients de la marche suivie jusqu'à présent, sans que le besoin d'autres emprunts se fasse sentir. Les ressources de la dette flottante suffiront peut-être en attendant. On pourrait, dans tous les cas, avoir recours à l'aliénation de tout ou partie des chemins de fer de l'État.

En définitive, même dans l'hypothèse où le système actuel en matière d'impôts ou de contributions serait maintenu, les recettes normales couvriraient largement les dépenses si celles-ci étaient renfermées dans le cadre du budget ordinaire, lequel comprend l'intégralité de la Dette. Mais pour cela il faudrait s'abstenir pendant quelque temps au moins de tous travaux extraordinaires ou les réduire au strict nécessaire, et éviter autant que possible toute guerre, toute conflagration onéreuse.

La vitalité de la France est tellement grande, ses ressources sont si considérables qu'elle n'a perdu, comme nous l'avons dit, qu'une partie de sa prospérité préexistante. Comparativement aux autres pays de l'Europe, elle est encore en bonne situation : son crédit est supérieur à celui de tous ces pays, l'Angleterre exceptée; le chiffre des revenus publics, on l'a vu, n'a subi qu'un affaiblissement momentané et de peu d'importance relative; le poids des marchandises, denrées et autres, transportées à l'intérieur a beaucoup augmenté, ce que constatent jusqu'à un certain point les statistiques des chemins de fer; la consommation des combustibles minéraux et celle des cotons, laines, lins et chanvres, jute, peaux brutes, produits chimiques, etc., etc., qui ont pris de nouvelles et grandes proportions, sont des preuves irrécusables de l'activité que naguère encore avait l'industrie nationale, considérée dans son ensemble; des sommes importantes ne cessent pas d'être déposées dans les caisses d'épargne et le chiffre des valeurs dites successorales va toujours grandissant; enfin notre pays est visité et habité par de nombreux étrangers et nos nationaux n'émigrent pas.

D'après le rapport général fait au nom d'une commission de la Chambre des députés, sur le budget ordinaire de 1885, il n'y aurait même pas eu de fautes commises, depuis un certain temps du moins. Au point de vue des dépenses, c'est aux charges léguées par les régimes précédents et aux conséquences de la guerre de 1870-1871 qu'il faudrait en attribuer l'exagération (il n'est pas question ici des grands travaux publics et des autres guerres dont les dépenses rentrent dans le budget extraordinaire). En ce qui concerne les recettes, si le système de majoration adopté en 1882 n'avait pas existé, « on n'aurait pas sous les yeux le spectacle si dangereux et si nuisible d'un déficit imaginaire dans les rendements de l'impôt. »

Arrêtons-nous à ces quelques mots et citations. Nous n'avons pas à rechercher si l'équilibre dans nos finances sera ou non bientôt rétabli; si les charges à venir, qui pourront être réparties sur un certain nombre d'exercices, de manière à ne peser trop lourdement sur aucun, seront, ou non, aisément couvertes par les disponibilités qui se produiront par suite de la réduction successive de la Dette, d'accroissements de recettes ou autrement. Ce que nous avons voulu constater, c'est que l'état général de la France ne laisse pas à beaucoup près autant à désirer qu'on le suppose. La situation financière elle-même n'est nullement désespérée, et, nous le disons encore, il suffira de restreindre les dépenses dans une mesure convenable, pour qu'elle redevienne tout à fait bonne.

Quant au bien-être des populations, de la plupart du moins, il ne saurait être mis sérieusement en question. A l'exception de quelques catégories d'individus, de ceux entre autres qui n'ont que des revenus fixes, dont la position ne s'est que peu ou point améliorée, tous ont plus ou moins profité des grandes quantités de numéraire qui se sont répandues dans le pays.

Une augmentation très notable du nombre des consommateurs riches ou aisés en est résultée.

Les objets de confort et de luxe, quoiqu'étant à peu près généralement très chers, se trouvent à la portée de ceux qui autrefois en étaient absolument privés. Les autres, dont les prix se sont pareillement élevés, mais dans une mesure moindre, peuvent être acquis par le plus grand nombre.

Dans les villes d'une certaine importance, les moyens de locomotion onéreux n'ont jamais été plus employés ; les théâtres et autres lieux publics où l'on paye le plus regorgent de monde ; la bonne chère, le taux des loyers et le luxe des ameublements ont pris des proportions inusitées jusqu'alors. Dans les autres localités, même dans les campagnes, les conditions de la vie matérielle, au point de vue de l'agrément, sont devenues infiniment meilleures : là où, il n'y a pas très longtemps, la nourriture et le logement faisaient défaut ou étaient insuffisants, la viande et des boissons passables ont fait leur apparition; elles y sont maintenant en abondance souvent; les habitations ont été agrandies et assainies; enfin, partout, les ouvriers de toutes classes, les domestiques des deux sexes, tous les gens, en un mot, qui veulent travailler et qui travaillent, ont obtenu des salaires dont le chiffre, en moyenne, a presque doublé.

Leurs exigences ne cessent pas d'être excessives; cependant, ceux d'entre eux qui demeurent et sont nourris chez les maîtres ou patrons n'ont pas à supporter d'excédent de dépense provenant du renchérissement général.

La plupart se sont habitués malencontreusement à jouir de tout, coûte que coûte. Ils vivent le mieux qu'ils peuvent, sans faire d'économies, se livrent au plaisir de boire, et, le plus ordinairement, boivent des choses nuisibles à leur santé.

Il s'en est suivi une véritable maladie, nommée *l'alcoolisme*, qui fait de grands ravages parmi eux.

C'est à cette maladie et à l'abus du tabac, que semble devoir être attribué l'affaiblissement des forces physiques et de l'intelligence, qui se manifeste de toutes parts.

Le développement qu'a pris la consommation du sucre, du café, du chocolat, de la viande, du vin, du tabac, etc., prouve surabondamment que le bien-être s'est accru.

De 1869 à 1882, dit le rapporteur général du budget de 1885, c'est-à-dire en treize ans, la consommation du café a progressé de 36 o/o ; celle du chocolat de 57 o/o ; celle du sucre de 39 o/o, du tabac de 43 o/o, et ainsi de suite.

Les classes laborieuses ou peu fortunées ont joui autant que les autres, plus même que les classes moyennes, de cet état de prospérité. Celles-ci n'en ont presque pas profité et parfois en ont souffert : alors que le travail manuel est mieux rétribué, les rentes, appointements et pensions sont restés à peu près les mêmes, et les obligations pécuniaires inhérentes aux positions sociales n'ont pas cessé d'être différentes.

Chacun s'ingéniant à mieux agir dans son propre intérêt, il faut espérer qu'une compensation s'établira en faveur de ceux qui, au lieu d'y trouver des avantages, ont éprouvé et éprouvent encore un préjudice réel du changement survenu dans les conditions économiques de la France.

Nous avons parlé de l'abaissement du niveau de l'intelligence. Une démoralisation des plus regrettables en a été la conséquence. Sur beaucoup de points, notamment en politique, les principes qui devraient toujours être le mobile de nos actions ne sont presque plus respectés : les questions de personnes les dominent souvent ; l'ambition et les intérêts particuliers sont écoutés avant tout, et, pas plus que les femmes et les gens âgés, ceux qui ont rendu de véritables services au pays ne jouissent plus de toute la considération qui leur est due.

Contrairement à ce qui a lieu pour l'intelligence, l'instruction scolaire s'est accrue et propagée.

Une semblable anomalie s'expliquerait difficilement s'il n'était pas possible de l'attribuer en grande partie à l'exagération des jouissances matérielles, des plaisirs sensuels, et en partie aussi à l'insuffisance du temps laissé aux élèves dans les lycées, collèges, écoles ou pensions, pour méditer, réfléchir fructueusement : ils sont le plus ordinairement absorbés par des études d'une utilité pratique douteuse, et surchargés de travaux dont plus tard beaucoup ne trouvent que rarement l'application. Leur mémoire est, parfois, seule développée.

L'excès du bien-être serait donc une des causes principales de la démoralisation dont il vient d'être question, et le défaut de discernement de ceux qui, même parmi les plus instruits, arrivent à mettre leurs passions au-dessus de tout, n'y serait pas étranger non plus.

Afin de réagir contre ces fâcheuses tendances et dispositions, il faudrait s'efforcer d'inculquer à tous l'amour de la patrie, de la vérité, de la justice ; de préconiser l'abnégation, le désintéressement, et de faire pénétrer profondément dans les âmes les idées religieuses et de saine morale sans lesquelles une nation ne tarde pas à subir une déplorable désagrégation.

FIN.

TABLE

Paris. — Imp. PAUL DUPONT (Cl.) 403.8.85.

EUG. DAURIAC

Histoire anecdotique de l'Industrie française. 1 v. in-18. 3 »

PH. AUDEBRAND

Souvenirs de la tribune des journalistes, 1848 à 1852. 1 vol. gr. in-18 jésus. 3 »

HONORÉ BONHOMME

Louis XV et sa famille, d'après des lettres et des documents inédits. 1 v. gr. in-18 jésus. 3 50

CHAMPFLEURY

Histoire de la caricature antique. 2e édition. 1 vol. gr. in-18 orné de 100 gravures. 5 »

Histoire de la caricature moderne. 2e édition. 1 vol. gr. in-18 orné de 90 gravures. 5 »

Histoire de la caricature au moyen âge. 1 vol. gr. in-18 orné de 90 gravures. 5 »

Histoire de la caricature sous la Révolution, l'Empire et la Restauration. 1 vol. grand in-18 jésus orné de 95 gravures. 5 »

Histoire des faïences patriotiques sous la Révolution. 1 vol. gr. in-18 orné de grav. 5 »

Histoire de l'imagerie populaire. 1 v. gr. in-18 av. 50 grav. 5 »

L'Hôtel des commissaires priseurs. 1 vol. gr. in-18. 3 »

Souvenirs et portraits de jeunesse. 1 vol. 3 50

C. DESNOIRESTERRES

Les Cours galantes, histoire anecdotique de la société polie au XVIIIe siècle. 4 vol. in-18. 12 »

VICTOR FOURNEL

Ce qu'on voit dans les rues de Paris. 1 fort vol. gr. in-18. 3 50

Les spectacles populaires et les artistes des rues, tableau du vieux Paris. 1 vol. gr. in-18. 3 50

ÉDOUARD FOURNIER

L'Esprit des autres recueilli et raconté. 4e édition. 1 vol. in-18. 5 »

L'Esprit dans l'histoire, recherches sur les mots historiques. 3e édition. 1 vol. in-18. 5 »

Le Vieux-Neuf, histoire ancienne des découvertes modernes. Nouvelle édition. 3 vol. gr. in-18 jésus. 15 »

Histoire du Pont-Neuf. 2 vol. in-18, avec photographie. 6 »

La Comédie de J. de la Bruyère. 2 vol. in-18. 6 »

AUGUSTE LEPAGE

Les Cafés politiques et littéraires. 1 vol. in-16. 2 »

PAUL FOUCHER

Les Coulisses du passé, histoire anecdotique du théâtre depuis Corneille. 1 fort vol. gr. in-18. 3 50

CHARLES DESMAZE

La Sainte-Chapelle du Palais de Justice de Paris, monographie et recherches historiques. 1 vol. gr. in-18 avec gravures. 5 »

GEORGES D'HEILLY

Dictionnaire des pseudonymes, révélations sur le monde des lettres, du théâtre et des arts. 2e édition. 1 fort vol. gr. in-18 jésus. 6 »

HALLAYS-DABOT

Histoire de la censure théâtrale en France. 2 vol. in-18. 4 50

ARSÈNE HOUSSAYE

Galerie du XVIIIe siècle. 1 vol. gr. in-18 jésus. 15 »

ED. ET JULES DE GONCOURT

Sophie Arnould d'après sa Correspondance et ses mémoires inédits. 1 vol. petit in-4° avec eaux-fortes. 10 »

L'Amour au XVIIIe siècle. 1 vol. in-16 avec eaux-fortes. 5 »

JULES JANIN

La Fin d'un monde et du Neveu de Rameau. Nouv. édit. revue et augm. 1 vol. gr. in 18 jésus. 3 50

M. DE LESCURE

Les Maîtresses du Régent. 1 fort vol. in-18. 4 »

Les Confessions de l'abbesse de Chelles. 1 vol. in-18. 3 »

Nouveaux Mémoires du maréchal duc de Richelieu, 1696-1788, rédigés sur des documents authentiques. 4 vol. gr. in-18 jésus. 14 »

AMÉDÉE PICHOT

Souvenirs intimes de M. de Talleyrand. 1 vol. gr. in-18. 3 50

CH. POISOT

Histoire de la Musique en France, depuis les temps les plus reculés jusqu'à nos jours. 1 v. in-18. 4 »

CH. NISARD

Des Chansons populaires chez les anciens et chez les Français, essai historique suivi d'une étude sur les chansons des rues contemporaines. — 2 vol. gr. in-18 avec gravure. 10 »

LOUIS XVI

Journal particulier, publié sur des documents inédits par LOUIS NICOLARDOT. 1 v. gr. in-18, p. vergé. 5 »

H. DE VILLEMESSANT

Mémoires d'un journaliste. 6 vol. gr. in-18 jésus. 18 »

ED. WERDET

Souvenirs de la vie littéraire. 1 vol. gr. in-18 jésus. 3 50

IMBERT DE SAINT-AMAND

Les Femmes de Versailles. 5 vol. gr. in-18. 17 50

Paris. — Soc. d'imp. PAUL DUPONT, 41, rue J.-J.-Rousseau (Cl.) 403 *bis* 8.88.

www.ingramcontent.com/pod-product-compliance
Ingram Content Group UK Ltd.
Pitfield, Milton Keynes, MK11 3LW, UK
UKHW020325230726
13925UKWH00002B/623

9 782014 057140